Como Conquistar a Confiança de um Escorpiano

Mary English

Como Conquistar a Confiança de um Escorpiano

Orientações da Vida Real para Relacionar-se Bem
e Ser Amigo do Oitavo Signo do Zodíaco

Tradução:
MARCELLO BORGES

Editora Pensamento
SÃO PAULO

Título original: *How to Win the Trust of a Scorpio.*
Copyright do texto © 2011 Mary L. English.
Publicado originalmente no RU por O-Books, uma divisão da John Hunt Publishing Ltd., The Bothy, Deershot Lodge, Park Lane, Ropley, Hants, SO24 0BE, UK.
Publicado mediante acordo com O-Books.
Copyright da edição brasileira © 2014 Editora Pensamento-Cultrix Ltda.
Texto de acordo com as novas regras ortográficas da língua portuguesa.
1ª edição 2014.

Todos os direitos reservados. Nenhuma parte deste livro pode ser reproduzida ou usada de qualquer forma ou por qualquer meio, eletrônico ou mecânico, inclusive fotocópias, gravações ou sistema de armazenamento em banco de dados, sem permissão por escrito, exceto nos casos de trechos curtos citados em resenhas críticas ou artigos de revista.

A Editora Pensamento não se responsabiliza por eventuais mudanças ocorridas nos endereços convencionais ou eletrônicos citados neste livro.

Editor: Adilson Silva Ramachandra
Editora de texto: Denise de C. Rocha Delela
Coordenação editorial: Roseli de S. Ferraz
Preparação de originais: Marta Almeida de Sá
Produção editorial: Indiara Faria Kayo
Editoração eletrônica: Join Bureau
Revisão: Vivian Miwa Matsushita

CIP-Brasil Catalogação na Publicação
Sindicato Nacional dos Editores de Livros, RJ

E48c
English, Mary
    Como conquistar a confiança de um escorpiano: orientações da vida real para relacionar-se bem e ser amigo do oitavo signo do zodíaco / Mary English; tradução Marcello Borges. – 1. ed. – São Paulo: Pensamento, 2014.
    120 p.: il.; 20 cm.

    Tradução de : How to win the trust of a scorpio
    ISBN 978-85-315-1873-7

    1. Astrologia. 2. Signo. I. Título.

14-12664
CDD: 133.5
CDU: 133.5

Direitos de tradução para a língua portuguesa adquiridos com exclusividade pela
EDITORA PENSAMENTO-CULTRIX LTDA., que se reserva a
propriedade literária desta tradução.
Rua Dr. Mário Vicente, 368 – 04270-000 – São Paulo – SP
Fone: (11) 2066-9000 – Fax: (11) 2066-9008
E-mail: atendimento@editorapensamento.com.br
http://www.editorapensamento.com.br
Foi feito o depósito legal.

Este livro é dedicado a S. K.
Águas profundas correm tranquilamente.

♍ Sumário ♍

Agradecimentos 9

Introdução 11

1 O signo 15
2 Como montar um mapa astral 37
3 O ascendente 43
4 A lua 51
5 As casas 62
6 As dificuldades 71
7 As soluções 78
8 Táticas de confiança 87

Notas 112

Bibliografia 113

Informações adicionais 115

Informações sobre mapas astrais 116

♍ Agradecimentos ♍

Gostaria de agradecer às seguintes pessoas:
Meu filho, por ser o libriano que sempre me
faz enxergar o outro lado.
Meu marido taurino, Jonathan, por ser o homem
mais maravilhoso do meu mundo.
Mabel, Jessica e Usha, por sua ajuda homeopática
e sua compreensão.
Laura e Mandy, por sua amizade.
Donna Cunningham, por sua ajuda e seus conselhos.
Judy Hall, por sua inspiração.
Alois Treindl, por ser o pisciano que fundou
o maravilhoso site Astro.com.
Judy Ramsell Howard, do Bach Centre, por seu estímulo.
John, meu editor, por ser a pessoa que lutou com
unhas e dentes para que este livro fosse publicado,
e toda a equipe da O-Books, inclusive Lee,
Trevor, Kate, Catherine, Maria e Mary.

Oksana, Mary S., Cherry, Polly, Renee, Elaine e Miriam,
por seus olhares editoriais sempre bem-vindos.
E finalmente, mas não menos importantes,
meus adoráveis clientes, por suas valiosas contribuições.

♍ Introdução ♍

Em quase todas as profissões – seja direito ou jornalismo, finanças ou medicina, atividade acadêmica ou o gerenciamento de uma pequena empresa – as pessoas se valem de comunicações confidenciais para fazer seu trabalho.
Nós contamos com o espaço da confiança que a confidencialidade proporciona.
Quando alguém rompe essa confiança, todos se prejudicam.
– Hillary Clinton

Por que o título deste livro? Meu primeiro livro, *Como Sobreviver a um Pisciano*, foi escrito para ajudar as pessoas a compreenderem o meu signo: Peixes. Quando o livro foi aceito para publicação, disseram-me que ele só o seria se eu não me limitasse a escrever apenas um livro. O mais assustador é que o próprio editor é pisciano, e por isso o fato de ele aceitar a publicação de meu livro fez sentido... Só descobri isso depois, mas me fez pensar que talvez a vida não seja apenas um evento aleatório.

Depois que terminei o primeiro livro, clientes e amigos (e familiares) me perguntaram quando eu iria escrever sobre o signo *deles...* e assim nasceu esta série.

Trabalho como astróloga "na linha de frente" e tenho conhecimento, em primeira mão, das preocupações e dos aborrecimentos que os clientes me apresentam, e este livro foi escrito sob essa perspectiva. Não foi escrito para aqueles que têm uma vida maravilhosa, um mar de rosas, com carinhas felizes e satisfeitas.

Não, ele foi escrito para ajudar as pessoas que lidam com a Vida, o Universo e todo o resto (como disse meu colega do signo de Peixes, Douglas Adams), e, em especial, com o oitavo signo do Zodíaco: Escorpião.

Talvez você seja escorpiano, ou seu filho, seu parceiro, um parente ou amigo seja desse signo. Talvez você queira conhecer um pouco melhor a Astrologia, que vou explicar, ou, mais importante ainda, queira saber um pouco mais sobre o modo como o escorpiano pensa e vive a vida.

Como cada livro foi escrito com exemplos da "vida real", foi engraçado quando postei na minha página do Facebook "algum escorpiano quer compartilhar seus pensamentos comigo?" e, após algumas horas, comecei a receber mensagens na caixa de entrada (e não no meu mural, que foi onde escrevi isso).

Mensagens pessoais e privadas.

Isso é bem escorpiano!

Mas se eu tivesse feito a mesma pergunta aos leoninos, meu mural teria sido inundado com comentários engraçados, trágicos, dramáticos, do tipo "olhem para mim"...

Não, os escorpianos responderam, mas as mensagens foram na base do um para um, não ficaram visíveis para outras pessoas e foram enviadas por meio da caixa de mensagens ou para o meu endereço particular de e-mail.

Fiz a mesma pergunta no ar durante o programa *Talk Radio Europe*, do qual participo com Hannah Murray, e aconteceu a mesma coisa.

Mensagens pessoais, um para um, perguntando o que exatamente eu precisava saber.

Quando comecei a escrever o livro, vivi um desses momentos astrológicos engraçados/estranhos. Lá estava eu, trabalhando no computador, tendo prometido para mim mesma escrever determinado número de palavras naquela semana, e meu cunhado (que é escorpiano) telefonou para falar com meu marido sobre minha adorável sogra, que havia falecido pouco antes. Ele tinha ficado sem dormir naquela noite, imaginando o que fazer para deixar a casa dela livre de coisas e como iria "espalhar" suas cinzas, e ele telefonou para dizer que havia decidido o que fazer, e quando... eu fui dar uma olhada nas Efemérides, vi que os dias em que eles decidiram se encontrar foram aqueles em que o Sol, a Lua, Mercúrio e Vênus estariam no signo de Escorpião.

Ri em voz baixa comigo mesma.

Preciso enfatizar que meu cunhado não se interessa muito por Astrologia.

Então eu pensei: "Qual seria o Ascendente quando ele telefonou?", e liguei para 1471 (que lhe informa o horário de telefonemas), e o Ascendente era Escorpião... e o Sol tinha acabado de entrar em Escorpião (cerca de 35 minutos, nem chegava a um grau).

Meu cunhado não costuma nos telefonar de manhã, mas esse foi um telefonema importante para ele, pois tratava de morte (cinzas), e, como ele tem a Lua em Capricórnio, de coisas práticas (a limpeza da casa).

Quais seriam as chances de um escorpiano telefonar para nossa casa (eu atendi à ligação) no momento em que o Sol tinha atingido Escorpião e o Ascendente estava em Escorpião para tratar de assuntos relacionados com a morte, quando o Sol, a Lua, Mercúrio e Vênus estavam no seu signo?

Adoro a Astrologia!

O título deste livro foi-me sugerido por uma amável pisciana quando eu estava pensando no assunto – *Como Conquistar a Confiança de um Escorpiano*. O título provisório original era *Como Confiar num Escorpiano*, que, de certo modo, implicava que os escorpianos não devem ser dignos de confiança... uma coisa tão distante da verdade que chega a ser risível.

Confie em mim, você pode confiar num escorpiano.

Bath, novembro de 2011

Capítulo 1

♍ O signo ♍

Gosto de ter noção daquilo que está acontecendo num lugar com outras pessoas – como se estivesse sondando, discretamente, sentindo tudo... Em outras palavras: vendo sem ser vista; sentindo sem ser sentida.
— Mulher de Escorpião

Escorpião é o oitavo signo do Zodíaco, um signo envolvido em muito mistério e em mal-entendidos.

Frequentei a escola com a jovem a quem dediquei este livro, e depois, quando ela já seguia sua carreira, ela me disse que nunca mencionou no trabalho qual signo era o dela, pois achava que teria uma reação negativa.

Isso pode acontecer quando você diz às pessoas que é de Escorpião. Você recebe aquele olhar do tipo "sei, sei", e as pessoas dão alguns passos para se afastar.

Eis o que uma jovem chamada Tamsin falou de seu signo:

"É o senso de identidade que o fato de ser de Escorpião lhe dá. Definitivamente, representamos 'alguma coisa', embora essa 'alguma coisa' varie de muito positiva para completamente negativa...

Quando você diz que é de Escorpião, geralmente as pessoas reagem fisicamente – ou elas se afastam um pouco ou se aproximam, curiosas para saber mais sobre essa misteriosa pessoa de Escorpião na frente delas. Nosso signo não é 'insípido'! Não ligo para as reações negativas, acho-as mais divertidas do que qualquer outra coisa. Seja como for, os escorpianos veem as coisas em preto e branco."

Por que Isso Acontece?

É espantoso ver como o fato de contar às pessoas que você é de determinado signo estelar (ou, mais corretamente, signo astrológico) pode ter esse efeito.

A maioria dos artigos em livros, ou especialmente na Internet, mostra os nativos de Escorpião como alguém que traça planos malignos, é autodestrutivo, uma criatura que cerca tudo que está à sua volta e que gosta de arruinar a sua vida e sequestrar seus filhos no silêncio da noite.

Isso simplesmente não é verdade.

Por isso, vamos analisar Escorpião sob uma luz diferente, conhecendo seus pontos positivos antes de discutir situações em que "tudo dá errado". Como disse antes, sou uma astróloga que trabalha "na linha de frente", vendo pessoas cujas vidas foram arrasadas, que estão tristes/estressadas/infelizes/curiosas/preocupadas, como quiser. Pense na emoção que quiser... provavelmente vi um cliente sofrendo por causa dela. E para esclarecer ainda mais: também experimentei algo similar na minha própria vida (como revela meu primeiro livro, *Como Sobreviver a um Pisciano*), pois sou uma pisciana flexível.

♍ O signo ♍

Os clientes não me procuram quando:

a) ganharam na loteria;
b) acabaram de se casar;
c) foram promovidos no emprego.

Eles costumam me consultar quando o namorado/o marido/a esposa/a parceira os deixou, quando perderam o emprego/a saúde/a casa. Quando as "coisas" vão mal, eles marcam uma consulta.

Então, preciso agir como conselheira, curadora, feiticeira, amiga, confidente, testemunha, e trabalhamos juntos para encontrar soluções viáveis.

Os clientes que recebo reclamam de escorpianos (todos os signos reclamam dos signos com quem se indispuseram) de diversos modos, *conforme os próprios signos*.

Por isso, vamos conhecer um pouco mais os escorpianos e descobrir como aproveitar o melhor daqueles que conhecemos... e que ainda iremos conhecer.

Uma Breve História da Astrologia

O historiador Christopher McIntosh diz, em seu livro *The Astrologers and Their Creed*, que a Astrologia foi descoberta na região que hoje chamamos de Iraque, no Oriente Médio:

> Foram os sacerdotes do reino da Babilônia que fizeram a descoberta que estabeleceu o padrão para o desenvolvimento da Astronomia e do sistema zodiacal da Astrologia que conhecemos hoje. Durante muitas gerações, eles observaram e registraram

meticulosamente os movimentos dos corpos celestes. Finalmente descobriram, graças a cálculos cuidadosos, que, além do Sol e da Lua, outros cinco planetas visíveis se moviam em direções específicas todos os dias. Eram os planetas que hoje chamamos de Mercúrio, Vênus, Marte, Júpiter e Saturno.

A descoberta que esses sacerdotes astrônomos fizeram foi notável, levando-se em conta os instrumentos precários com que trabalhavam. Eles não tinham telescópios, nem os outros aparatos complicados que os astrônomos usam hoje. Porém tinham uma grande vantagem. A área próxima ao Golfo Pérsico, onde ficava seu reino, era abençoada com céus extremamente limpos. Para tirar pleno proveito dessa vantagem, eles construíram torres em áreas planas do país e a partir delas podiam vascular todo o horizonte.

Os sacerdotes viviam reclusos em mosteiros, geralmente adjacentes às torres. Todos os dias, eles observavam o movimento das esferas celestes e anotavam fenômenos terrestres correspondentes, como inundações e rebeliões. Não tardou para chegarem à conclusão de que as leis que governavam os movimentos das estrelas e dos planetas também governavam eventos na Terra. As estações mudavam com os movimentos do Sol, e portanto, argumentavam, os outros corpos celestes certamente deveriam exercer uma influência similar...

A princípio, as estrelas e os planetas eram considerados deuses de verdade. Mais tarde, quando a religião ficou mais sofisticada, as duas ideias foram separadas e desenvolveu-se a crença de que o deus "governava" o planeta correspondente.

Aos poucos, foi se formando um sistema altamente complexo no qual cada planeta tinha um conjunto específico de propriedades. Esse sistema foi desenvolvido em parte por meio dos relatórios dos sacerdotes e em parte graças às características naturais dos planetas. Viu-se que Marte parecia avermelhado, e por isso foi identificado com o deus Nergal, a divindade ígnea da guerra e da destruição.

Vênus, identificado pelos sumérios como sua deusa Inanna, era o planeta mais destacado nas manhãs, como se desse à luz o dia, por assim dizer. Portanto tornou-se o planeta associado às qualidades femininas do amor, da gentileza e da procriação.

A observação dos planetas pelos sumérios era basicamente um ato religioso. Os planetas eram seus deuses, e cada objeto visível era associado a um ser espiritual invisível que julgava suas ações, abençoava-os com boa sorte ou lhes enviava tribulações.[1]

Portanto a Astrologia nasceu de observações cuidadosas e também do desejo dos sumérios de acrescentar significado à vida. No início, servia a um propósito prático, o de ajudar nas plantações, e posteriormente ela se transformou num sistema espiritual; milhares de anos depois, a Astrologia ainda está conosco.

Definição de Astrologia

Astrologia é o estudo dos planetas, mas não no sentido astronômico. Os astrólogos olham os planetas e registram sua posição do ponto de vista da Terra, dividindo o céu em doze partes iguais. Essas partes começam no Equinócio da Primavera, em 0 grau de Áries.* Usamos informações astronômicas, mas a diferença entre Astronomia e Astrologia é que os astrólogos usam essa informação astronômica para uma finalidade diferente.

---

* A autora fará referência, ao longo do livro, às estações do Hemisfério Norte. (N. do T.)

Originalmente, astrônomos e astrólogos eram a mesma espécie, mas, com o progresso da ciência, os astrônomos se afastaram e focalizaram apenas os planetas em si, e não seu significado. Os astrólogos acreditam que estamos todos conectados.

"O que está em cima é como o que está embaixo."

Assim como estamos todos conectados como seres da raça humana, os astrólogos acreditam que estamos todos conectados, de algum modo, a tudo que nos rodeia.

Plutão

Cada signo do Zodíaco tem um planeta que "cuida dele". Chamamos esse planeta de "regente". O Sol cuida de Leão e a Lua cuida de Câncer. O planeta regente de Escorpião chama-se Plutão, e sua história é um tanto complicada.

O Pisciano que Procurou Plutão e o Aquariano que o Descobriu

O astrônomo Percival Lowell era pisciano (com Ascendente em Áries, Sol na 11ª casa e Plutão no signo de Touro na primeira casa!) e pesquisou Plutão durante a maior parte de sua vida, mas, infelizmente, morreu antes que o planeta fosse descoberto.

Clyde Tombaugh, com o Sol em Aquário (e Lua em Gêmeos), era um pesquisador de 24 anos no laboratório que levava o nome de Percival: o Observatório Lowell. Na verdade, ele descobriu Plutão tirando uma série de fotos eletrônicas bastante amplas, usando um astrógrafo *próximo* do lugar do céu ao qual Percival tinha se dedicado antes.

♍ O signo ♍

O planeta foi batizado de Plutão pela menina Venetia Burney, de 11 anos, com Sol em Câncer (Lua em Leão), depois de seu pai* ler em voz alta um artigo do jornal *The Times* sobre a descoberta do planeta. Ela estava muito interessada em mitos e lendas da Grécia e de Roma na época e, como disse numa entrevista para a BBC em 2006:

> "[...] foi muita sorte o nome estar lá. Não restava praticamente nenhum nome da mitologia clássica. Se eu pensei no sombrio e lúgubre Hades, não tenho certeza".[2]

A descoberta foi feita em 1930, e os astrólogos tiveram de repensar nas regências dos signos, pois, naquela época, eles usavam apenas os nove "planetas" conhecidos: Sol, Lua, Mercúrio, Vênus, Marte, Júpiter, Saturno, Urano e Netuno.

Só para deixar claro, planeta é um "corpo celeste" que gira ao redor do Sol, e por isso, tecnicamente, a Lua não é um planeta, pois orbita a Terra, e o Sol também não é um planeta, mas sim uma estrela, porém na Astrologia usamos o termo "planeta" para tratar dos corpos que usamos, desde o Sol até Plutão.

A Visão Astronômica de Plutão

Plutão dista 5,7 bilhões de quilômetros da Terra e é menor do que nossa Lua, com um diâmetro de 2.400 quilômetros (a Lua tem 3.474 quilômetros). Sua órbita é oval, por isso ele não gira em torno do Sol assim como a Terra, e sua distância de nosso

---

* Na verdade, seu avô, conforme este artigo *on-line* da BBC: http://news.bbc.co.uk/2/hi/science/ nature/4596246.stm. (N. do T.)

planeta varia. A NASA diz que a superfície de Plutão é muito fria, mais de 220 graus Celsius abaixo de zero, e que Plutão leva 248 anos para dar uma volta em torno do Sol.³

A Visão Astrológica de Plutão

Foi preciso algum tempo até os astrólogos compreenderem esse novo planeta.

Margaret E. Hone escreveu, em seu *The Modern Text Book of Astrology*:

> Este planeta, menos compreendido do que qualquer outro na época em que escrevo (1950), é conhecido dos astrólogos há apenas vinte anos.

Porém, ela mesma disse que Plutão poderia estar ligado ao

> crescimento da psicologia

e que

> Plutão era o deus do mundo inferior, por isso fica visível a conexão com aquilo que está submerso.

Na década de 1970, Plutão já era um pouco mais bem compreendido pelos astrólogos, e em seu *Astrology and the Modern*, escrito por Dane Rudyar em 1976, ele fala com mais detalhes sobre Plutão:

♍ O signo ♍

Os sonhos plutonianos poderão ser o reflexo, projetado na consciência em vigília, de passos reais dados no desenvolvimento interior e no crescimento da alma – ou, negativamente, revelam o desespero ou a dor da alma que fracassou (pelo menos temporariamente) e, talvez, mostrem o abismo que está à frente e as presenças tenebrosas que ocupam essas profundezas abissais.

Isso mexe com a gente! No entanto parece meio assustador. Não estou bem certa de que gostaria de ter sonhos como esses com frequência.

Na década de 1980, Plutão já fazia parte da psique da comunidade astrológica, ganhando seu lugar junto a Escorpião, o signo que o planeta rege. Tínhamos acolhido "suas" energias e estávamos nos "sintonizando" com o modo de lidar com seu lado negativo.

Jeff Green escreveu em 1985, em seu *Pluto: The Evolutionary Journey of the Soul*:

> Do ponto de vista puramente psicológico, Plutão está correlacionado com os padrões de segurança emocional mais profundos que temos... Nossas lições, ou intenções evolutivas descritas pelo ponto de polaridade de Plutão, não são conhecidas. São o desconhecido, o território inexplorado... e portanto desafiam nossa segurança no nível mais profundo possível – a Alma, nosso núcleo.

Porém foram apresentadas soluções e ajuda prática por Donna Cunningham, que escreveu com eloquência em seu *Healing Pluto Problems*, em 1986:

> Plutão também tem seu lado positivo, e você pode transformar a energia deste planeta de destrutiva para construtiva. Plutão governa

a psicologia e a autoanálise, e assim você pode se purificar do passado olhando bem no seu íntimo e enfrentando-se com honestidade. Plutão é o planeta do renascimento, da cura e da transformação. Você pode determinar uma nova vida para si mesmo, uma alegre libertação da culpa e da mágoa, se dirigir sua atenção para a identificação e a mudança desses padrões.

Em 1989, os astrólogos já estavam bem integrados com as tendências de Plutão e escreviam sobre o modo de "lidar" com os trânsitos desse planeta, bem mais do que sobre Plutão no mapa natal.

Em *The Gods of Change, Pain, Crisis and the Transits of Uranus, Neptune and Pluto*, Howard Sasportas escreveu:

> As pessoas costumam ter medo dos trânsitos de Plutão, e têm razão, pois estamos lidando aqui com o deus da morte, cujo domínio é o mundo inferior, escuro e sombrio. O trânsito de Plutão costuma nos levar a um contato doloroso com a morte. Em alguns casos, isso pode significar literalmente a morte – a nossa ou a de alguém próximo a nós –, mas geralmente esses trânsitos correspondem a mortes psicológicas ou "mortes do ego": a morte de uma parte de nós, a morte do modo como nos conhecemos.

Foi então que o humor começou a aparecer na Astrologia com Bil Tierney, que é escorpiano, escrevendo o maravilhoso *Alive and Well with Pluto, Transits of Power and Renewal* em 1999:

> Alguns astrólogos põem um toque cor-de-rosa numa palavra que jogam displicentemente na conversa – "transformação" – pensando nela principalmente em termos do tema lagarta-para-borboleta,

mas nunca no assustador cenário humano-para-lobisomem. Contudo, se o processo de transformação fosse tão simples e claro, Plutão não seria mesmo Plutão.

Durante 76 anos, Plutão foi o nono planeta a contar do Sol, e então, em agosto de 2006, ele foi "rebaixado" pelas autoridades astronômicas para o novo *status* de Planeta Anão.

Isso, no entanto, não impediu os astrólogos de usarem o planeta em seus cálculos. Eles passaram mais de setenta anos usando-o em mapas astrais e cálculos, então não seriam impedidos.

Eis o que Jenni Harte escreveu sobre a "nova definição" de Plutão em setembro de 2006 na publicação *Transit*, da Associação Astrológica da Grã-Bretanha:

> Após a lua nova de 23 de agosto de 2006, em 0 Virgem 31, a União Astronômica Internacional (UAI) deu-nos algo bem grande para mastigar... e todos vocês já devem estar sabendo... Plutão foi rebaixado! Que mudança... isso redefine completamente nosso sistema solar, é um fato bem sério, mesmo que você não seja astrólogo![4]

E termina dizendo:

> Se eu vou parar de usar Plutão em minhas elucubrações astrológicas? Ah, não vou!

Concordo com Jenni nesse ponto. Plutão é interessante demais para ser ignorado e é bem adequado para a "escorpianidade", felizmente.

Vida e Morte

Quando um escorpiano está concentrado no que chamo seu "poder", ele consegue realizar muitas coisas. Conheço diversas pessoas que trabalham em serviços sociais como assistentes, cuidadores, gerentes de asilos (adoraria fazer uma pesquisa para saber quantas enfermeiras-chefes e quantos gerentes de asilos, berçários e casas de repouso são de Escorpião) e lidam diariamente com questões de "vida ou morte". E é adequado para elas, porque não têm medo da morte. Por falar nisso, quais as qualidades que os astrólogos atribuem aos escorpianos?

As quatro de que vou falar agora são: Profundo, Leal, Reservado e Controlador. Vamos tratar da Confiança num capítulo posterior.

Profundo
tudo que ninguém vê
você vê
o que está dentro de mim
cada nervo que dói você cura
bem no fundo de mim
você não precisa falar – eu sinto
– Björk.[5]

O que nós, humanos, queremos dizer quando afirmamos que alguma coisa é "profunda"? Meu dicionário, sempre à mão, define profundo como: "que se estende bastante para dentro, a partir do alto, da superfície ou da extremidade", e sentimentos profundos como "plenamente absorvidos e dominadores".

Se fizéssemos um jogo com os opostos, poderíamos dizer que Escorpião não é maleável, superficial ou trivial. Eu diria que essas qualidades são geminianas.

Eis uma jovem descrevendo o que significa para ela ser escorpiana:

> "Gosto de sentir o que está acontecendo num recinto em que há outras pessoas – como se estivesse sondando tudo discretamente, sentindo tudo. Mas houve ocasiões na minha vida em que essa sensação foi forte demais (principalmente quando era adolescente), paralisando-me quando as emoções eram intensas! Em outras palavras: ver sem ser vista; sentir sem ser sentida."

Ela diz claramente que na adolescência esses sentimentos a paralisaram.

Vamos voltar à definição do dicionário dada antes: plenamente absorvidos, dominadores.

Bem, você não vai se sentir "plenamente absorvido ou dominador" se estiver passando pela superfície de alguma coisa. Você precisa ir fundo.

E o que queremos realmente dizer quando falamos que um escorpiano é profundo?

Estamos dizendo que eles vão focalizar e se tornar "um com" aquilo que estiverem fazendo. Eles não ficam deslizando na superfície ou esvoaçando por perto; eles vão mais longe e se dedicam ao que estão fazendo.

Vou dar um exemplo.

Tive de lidar muito com serviços sociais nos últimos anos, pois minha mãe ficou velha demais para cuidar de minha irmã mais nova, que tem síndrome de Down (eu a mencionei em meu livro *Como Animar um Capricorniano*, pois ela é desse signo).

Foi quando conheci muitos escorpianos. Eles gostam de lidar com pessoas que estão no limiar da sociedade. Eles gostam de ser motivados por um senso de propósito em seu trabalho, conseguem trabalhar por longos períodos sem supervisão e são capazes de lidar com situações tristes, perturbadoras ou tensas que incutiriam o temor a Deus em signos mais brandos. Diversos assistentes sociais que conheci eram de Escorpião. A gerente da unidade no asilo para o qual minha irmã foi é escorpiana, e vi que minha irmã estaria em boas mãos depois que descobri o signo da responsável. Eles também podem trabalhar em funerárias ou com pessoas enlutadas. Podem trabalhar em lugares de emoção incrivelmente intensa, mantendo-se calmos e reservados em seu trabalho.

Para mim, isso é profundo. É preciso ter uma personalidade profunda para querer trabalhar com pessoas com algum tipo de desvantagem, que estão "à mercê" da vida.

Certo dia, uma senhora que estava cursando a faculdade de assistência social na universidade local me procurou para fazer aquilo que chamam de avaliação de assistência. Ela fez todas as perguntas certas, foi educada e gentil, manteve-se no foco e não se desviou de sua tarefa, que consistiu em preencher formulários e "sentir" como eram as coisas... e quando ela estava saindo, perguntei-lhe qual era o seu signo.

"Escorpião", ela disse. "Por quê?"... "Só por curiosidade", respondi. Ela não fez mais perguntas e foi embora.

Isso é ser de Escorpião.

Aceitar as coisas da forma como são. Ela não ficou fazendo milhões de perguntas, como alguns signos costumam fazer.

Simplesmente respondeu a minha pergunta e deixou por isso mesmo.

Formidável!

O que estou procurando mostrar é que o escorpiano sempre se mantém focado na sua tarefa. Ele não gosta de fazer diversas coisas ao mesmo tempo. Ele se dedica a uma coisa de cada vez. Faça bem ou então não faça. Coloque sua vida e sua alma naquela tarefa e leve-a a sério.

Um cientista francês, Michel Gauquelin, passou catorze anos estudando um aspecto da Astrologia que ele chamou de O Efeito Marte. Ele usou os dados de nascimento conhecidos de 1.553 campeões esportivos franceses e descobriu que Marte era significativo em seus mapas astrais. Marte está associado na Astrologia com a ação, a agressividade e a energia. Ele disse:

> *"Encontrei evidências, por exemplo, de que Marte se destaca em líderes militares e campeões esportivos, isso não é um simples acaso. Não é Vênus ou outro planeta qualquer, é Marte".*

Quando foi entrevistado por Michael Erlewine da The Matrix Astrology Software, em janeiro de 1989, ele disse:

> *"Sem a verdadeira esperança, ou o sentimento profundo de que alguma teoria seria positivamente encontrada, provavelmente eu nunca teria continuado".*[6]

O que o levou a ser ridicularizado e impiedosamente questionado por seus contemporâneos do mundo científico? O que o fez continuar a pesquisar e a publicar seus resultados? O que também o levou a tirar a própria vida?

Intensidade e profundidade.

Suponho que o que também o manteve firme foi seu Ascendente em Leão (olhem para mim!) e a Lua em Sagitário (acreditem em mim!), mas vamos retornar depois a essas outras partes do mapa.

Seja qual for o trabalho que um escorpiano decida fazer ou ter, ele vai se dedicar a ele por inteiro, "tornando-se" essa ocupação.

Conheço também algumas bruxas da fraternidade branca e mulheres que trabalham com a Terra que são de Escorpião. Não posso citar seus nomes porque não pedi permissão para incluí-las neste livro, mas as duas que me vêm à mente passaram a vida toda fazendo aquilo que fazem. Elas conhecem seu ofício muito bem. Vivem e respiram seu trabalho. A vida delas gira em torno do mundo que elas criaram. Elas não estão fingindo fazer o que fazem. Elas são o seu trabalho e seu trabalho é a vida delas. As duas coisas não podem ser separadas.

Depois que um escorpiano decide fazer alguma coisa, é isso que ele vai fazer. Seria preciso circunstâncias terríveis para que ele quisesse mudar seu Caminho de Vida, pois seu signo é o que chamamos de Signo Fixo. Esses são os signos que não gostam de mudanças.

Touro, Leão e Escorpião são Fixos e só vão mudar após erupções quase vulcânicas.

Pense na atriz Jodie Foster e em seu desempenho em *O Silêncio dos Inocentes* – não é possível ser mais "profundo" do que ela nesse filme.

Leal

Abençoe-nos, se possível, em todas as nossas tarefas inofensivas. Senão, dê-nos a força para enfrentar o que vier, que sejamos bravos diante do perigo, constantes nas tribulações, equilibrados na ira e em todas as mudanças da sorte; e, até os portais da morte, leais e amáveis uns com os outros.

De Orações escritas em Vailima
– Robert Louis Stevenson

Meu dicionário define leal como: "fiel, firme em suas alianças"... e acho que isso descreve muito bem o escorpiano.

O que dá ao escorpiano maior probabilidade de se manter fiel é sua tendência como Signo Fixo. Se você é uma pessoa focada, intensa e profunda, será mais capaz de aderir a alguma coisa ou a alguém do que uma pessoa volúvel e mutável.

Billie Jean King (ASC em Capricórnio e Lua em Libra), a estrela norte-americana do tênis, escreveu em 2010, após 49 anos indo a Wimbledon:

> Hoje tive a honra de conhecer a rainha Elizabeth II. A rainha me agradeceu por ser leal a Wimbledon e conversamos rapidamente sobre o papel do tênis na vida de tanta gente, inclusive sobre o fato de ser um esporte para pessoas de todas as idades e capacidades.

Ela fez sua primeira aparição em 1961 aos 17 anos e ainda competia em 1983. São mais de 22 anos de trabalho profissional, seguido depois por sua atividade como comentarista desportiva. Ela permaneceu não apenas na mesma área de trabalho, como no mesmo local dos campeonatos!

Margaret Atwood é uma autora, romancista e poeta canadense (ASC em Gêmeos, Lua em Aquário); quando lhe perguntaram sobre seu eu criativo e seu eu político, ela respondeu:

> *"Como artista, sua primeira lealdade é com sua arte. Se não for assim, você será um artista de segunda classe."*

E seus textos são impressionantes. Ela escreveu mais de treze romances, 21 livros de poesia, dez obras de não ficção e numerosos livros infantis e contos de ficção. Eu escrevi apenas quatro livros (este é meu quinto) e já acho que foi uma tarefa imensa. Não consigo imaginar-me escrevendo tanto quanto ela. É uma coisa que confunde minha cabeça. E é preciso ser leal a uma ideia para conseguir ir em frente, algo que Margaret certamente é.

Joni Mitchell, magnífica cantora e compositora, escreveu em sua música "Stay in Touch" (Mantenha contato):

> *Isto é realmente bom*
> *As pessoas vão ficar com inveja...*
> *... Mantenha contato.*
> *Contato*
> *Parte disto é permanente*
> *Parte disto passa*
> *Por isso, precisamos ser leais e cautelosos*
> *Não revelar muito*

Isso descreve o dilema de Escorpião. Pensando que as pessoas ficarão com inveja e que, *como* as coisas são tão permanentes quanto passageiras, ela precisa se manter leal e cautelosa. Leal a seus sentimentos? Leal ao amor? Essa não é uma lealdade cega, como ser membro de um partido político ou de um clube, mas leal no sentido de sincero para consigo mesmo e com aquela parte do escorpiano que deseja que as coisas nunca mudem e durem para sempre.

Esses três exemplos servem para ilustrar que Escorpião será leal às coisas que ele deu para si mesmo e às quais se dedicou, e que já fazem parte dele mesmo.

Reservado

Existe alguma coisa infinitamente atraente com relação a segredos. Alguns são fáceis de manter, outros nunca podem ser revelados, mas é uma dessas palavras para a qual todos reagem, inclusive nosso amigo escorpiano.

A mera palavra "segredo" evoca boas e más ideias. Se você fizer uma busca no site da Amazon com o substantivo *secret* (segredo), vão aparecer mais de 126 mil livros com essa palavra no título.

É um montão de livros.

O que tem Escorpião para tornar a palavra *segredo* tão instigante?

Eis o que uma jovem de Escorpião falou sobre o assunto:

"'Segredo' e 'Mistério'... Todos os escorpianos que conheci são absolutamente fascinados por essas coisas. E percebi que sempre gravitamos uns em direção aos outros – para mim, isso se tornou quase uma atração magnética, não pronunciada (não estou falando de atração física – é algo intangível). A maioria de meus amigos mais íntimos é de Escorpião, e eu sempre disse que isso acontece porque:

a) só um Escorpião compreende bem o outro, e b) muitas pessoas ficam assustadas conosco ou se afastam porque somos muito intensos."

Eis outra jovem que, pelo que sei, não se interessa por Astrologia. Na verdade, ela é uma cientista e pesquisadora, a doutora Brooke Magnanti. Suas áreas de especialização são a neurotoxicologia do desenvolvimento e a epidemiologia do câncer. Ela é ph.D. em informática, em epidemiologia e em medicina legal e trabalha na Bristol Initiative for Research of Child Health (Iniciativa Bristol para Pesquisa de Saúde Infantil) na University of Bristol. Ela participa de uma equipe de pesquisadores que investiga o "mecanismo da transferência placentária e a toxicidade de produtos químicos aos quais a mãe pode estar exposta durante a gravidez".[7]

Enquanto estudava para seu ph.D. na University of Sheffield, ela se mudou para Londres, e entre 2003 e o final de 2004 trabalhou como prostituta por intermédio de uma agência londrina de acompanhantes.

Ela disse que chegou a um ponto em que *"não tinha mais dinheiro"* para pagar o aluguel, e por meio de uma parente que era viciada em drogas, e se tornou profissional das ruas, ela sabia que conseguiria ganhar a vida *"sem muito treinamento ou investimento inicial, recebendo dinheiro na mão"*, e que poderia ter tempo livre para se dedicar aos estudos.

A diferença entre essa jovem em particular e outras de sua profissão é que ela também escreveu sobre suas experiências num blog *on-line* chamado *Belle de Jour, Diary of a London Call Girl* (Bela da Tarde, Diário de uma Garota de Programa Londrina) e manteve sua identidade secreta até ela se revelar numa entrevista para o *Sunday Times* em novembro de 2009.[8]

Hoje ela está casada e mora em Fort William, na Escócia.

O que estou querendo mostrar é que essa jovem ganhou a vida sendo reservada, e não tanto por causa de sua ocupação. O suspense de "quem será ela?" manteve a imprensa curiosa por um bom tempo.

Essa é uma experiência realmente escorpiana. Sexo, segredos e manter o controle.

Controlador

O que queremos dizer quando afirmamos que o escorpiano é controlador? O que significa controle? De volta a meu fiel dicionário.

Controle: poder de dirigir ou restringir. Assim, o escorpiano deseja dirigir ou restringir "coisas" ou "pessoas".

Barbara é escorpiana com a Lua em Leão, tem vinte e tantos anos e trabalha como garçonete numa estação de esqui na Suíça. Ela me procurou por causa de minha pesquisa sobre Mapas Astrais Índigo e me contou um pouco sobre si mesma. Perguntei-lhe qual era sua opinião sobre controle, e eis o que ela respondeu:

"Sinto que eu tento controlar as coisas num nível subconsciente, como as tendências das pessoas. Faço isso 'com minha mente', ou pela intenção. Tive de aprender a não me magoar ou ficar irritada quando as pessoas não fazem o que espero. Aprender a 'relaxar e permitir' foi uma lição muito importante para mim. Às vezes, esse controle é muito bom – a capacidade de focalizar algo com muita clareza para fazer com que uma coisa específica aconteça. Às vezes, isso me esgota, porque fico muito concentrada em alguma coisa

que não deveria acontecer, como um relacionamento ou um jantar antes das seis ou o que for. Permitir que o fluxo do universo me guie é uma grande bênção."

Ela sabe que sua capacidade de "controlar" depende de aquilo que ela deseja ser algo benéfico, e é um bom exemplo de como o escorpiano deseja trabalhar num nível mais profundo do que o meramente verbal ou físico.

Barbara prossegue:

"Naturalmente, há momentos opostos, nos quais fico totalmente fora de controle e permaneço num tipo de espera, que às vezes se parece com uma estagnação, mas que provavelmente não é. Lembra-me o escorpião que fica sentado durante horas numa posição, aguardando o momento de atacar."

Sim! O Escorpião pode esperar horas até atacar... e também fica imóvel!

Capítulo 2

♍ Como montar um mapa astral ♍

Usar a Astrologia é como fazer uma pintura. Você começa com um contorno (o mapa) e acrescenta alguns prédios ou pessoas (os planetas), com um pouco de paisagem (as casas), alguma perspectiva e então as cores.

Só quando você vê tudo isso junto é que pode emitir um julgamento. E aquilo que parece bonito para uma pessoa será horrível para outra. O mesmo acontece com os astrólogos.

Alguns (como eu) gostam do sistema de Casas Iguais, pois todas as casas são uniformes e do mesmo tamanho. Outros preferem o sistema de Placidus porque gostam do fato de o Meio Céu estar na posição das 12 horas, o que faz mais "sentido". Não costumo perceber isso – sou pisciana, não se esqueça! Mas basicamente os planetas e sua posição no céu no momento de seu nascimento são traduzidos num círculo com doze segmentos.

Cada um dos segmentos representa uma área diferente da vida, e cada planeta pode estar em qualquer um dos doze signos, desde Áries até Peixes.

Antes de começar, você vai precisar de três informações.

A data de nascimento de seu escorpiano, o lugar onde ele nasceu e, mais importante, o horário.

Geralmente as datas para o signo solar de Escorpião são 24 de outubro a 22 de novembro. Disse *geralmente* porque a cada ano essas datas mudam um pouquinho. Por exemplo, em 2012, o sol saiu de Escorpião em 21 de novembro, pois a órbita do Sol não é exatamente igual aos dias do mês, uma vez que alguns meses têm mais dias.

Além disso, depende do lugar do mundo em que você nasceu, pois uma pessoa nascida na Austrália terá um mapa diferente do mapa de alguém nascido em Glasgow, por isso não confie apenas nas datas citadas. Confira duas vezes antes de ter certeza de que a pessoa em sua vida é mesmo um escorpiano.

Tenho uma história linda para contar sobre uma pessoa real de minha vida. Não posso dar muitas informações, mas aceite-a como verdadeira.

Originalmente, ela me informou sua data e seu horário de nascimento como sendo 23 de outubro, à 1h da manhã. Isso a tornava libriana com Ascendente em Leão e Lua em Libra. Os anos se passaram, e um dia, quando estava lendo para ela seus dados de nascimento, ela disse "Não, eu nasci à tarde". Então, eu lhe pedi para que confirmasse isso novamente com seus pais, e ela voltou com um horário de 13h.

Não!

Durante muitos anos, eu li seu mapa como sendo duplamente libriano, quando na verdade ela era escorpiana, e não apenas escorpiana, mas duplamente escorpiana, com o Sol e a Lua em Escorpião e agora um Ascendente em Sagitário.

Dãã!

Ela se preocupava muito quando lia alguma coisa sobre escorpianos, pois não se via como uma pessoa reservada, perversa e ciumenta, coisas que ela não é, e por isso este livro foi escrito para ajudar a ela e a outras pessoas que, na verdade, não se veem sob uma luz tão negativa.

Fazendo um Mapa com Casas Iguais

Para montar o mapa de seu escorpiano, vá ao site http://www.astro.com e abra uma conta; depois, vá à seção Free Horoscopes (horóscopos gratuitos) e desça pela página para usar a parte especial do site chamada "Extended Chart Selection" (seleção estendida de mapas).

Você já deve ter digitado os dados, que vão aparecer na caixa no alto, perto do seu nome.

Desça novamente pela página e, sob a seção marcada "Options", você verá uma caixa que diz "House System" (sistema de casas), e na caixa estará escrito "default" (padrão).

Assegure-se de mudar a caixa que indica "equal". O sistema padrão é chamado de Placidus, e todas as casas terão tamanhos diferentes; para um principiante, isso é confuso demais.

Vamos montar o mapa de Cheiro, um famoso quiromante vitoriano. Ele nasceu em 1º de novembro de 1886 em Dublin, na Irlanda, às 10h53.

Nome: Cheiro
nascido em: terça,
1º novembro 1886
Em Dublin, IRL

Hora: 6w15, 53n20
Hora Universal: 10h53
Hora Sideral: 13h35min04s

Este é o mapa de Cheiro. As linhas no centro do mapa são associações matemáticas fáceis ou desafiadoras entre os planetas do mapa, mas, para nossos propósitos, ignore-as.

As casas são numeradas de 1 a 12 no sentido anti-horário. Vamos estudá-las no Capítulo 5.

Só queremos três informações:

O signo do Ascendente, o signo da Lua e o número da casa em que o Sol está.

Esta é a abreviatura do Ascendente: ASC, que vamos estudar no Capítulo 3.

Este é o símbolo do Sol: ☉

Este é o símbolo da Lua: ☾ e vamos aprender sobre ela no Capítulo 4.

Estes são os símbolos que representam os signos. São chamadas de glifos. O glifo de Escorpião parece-se com a letra M com uma flecha na parte de baixo.

Áries ♈
Touro ♉
Gêmeos ♊
Câncer ♋
Leão ♌
Virgem ♍
Libra ♎
Escorpião ♏
Sagitário ♐
Capricórnio ♑
Aquário ♒
Peixes ♓

Os Elementos

Para compreender plenamente o seu escorpiano, você precisa levar em conta o Elemento de seu Ascendente e de sua Lua. Cada signo do Zodíaco está associado a um Elemento sob o qual ele opera: Terra, Ar, Fogo e Água. Gosto de imaginar que eles atuam em "velocidades" diferentes.

Os signos de **Terra** são **Touro**, **Virgem** e **Capricórnio**. O Elemento Terra é estável, arraigado e ocupa-se de questões práticas. Um escorpiano com muita Terra em seu mapa funciona melhor a uma velocidade bem baixa e constante (refiro-me a eles no texto como "Terrosos").

Os signos de **Ar** são **Gêmeos**, **Libra** e **Aquário** (que é o "Aguadeiro", mas *não é* um signo de água). O Elemento Ar gosta de ideias, conceitos e pensamentos. Opera numa velocidade maior que a Terra; não é tão rápido quanto o Fogo, mas é mais veloz do que a Água e a Terra. Imagine-o como tendo uma velocidade média.

Os signos de **Fogo** são **Áries**, **Leão** e **Sagitário**. O Elemento Fogo gosta de ação e excitação e pode ser muito impaciente. Sua velocidade é *muito* alta. (Refiro-me a eles como Fogosos, ou seja, do Elemento Fogo.)

Os signos de **Água** são **Câncer**, **Escorpião** e **Peixes**. O Elemento Água envolve sentimentos, impressões, pressentimentos e intuição. Opera mais rapidamente do que a Terra, mas não tão rápido quanto o Ar. Sua velocidade seria entre lenta e média.

Capítulo 3

♍ O ascendente ♍

Nome: Cheiro
nascido em: terça,
1º novembro 1886
Em Dublin, IRL

Hora: 6w15, 53n20
Hora Universal: 10h53
Hora Sideral: 13h35min04a

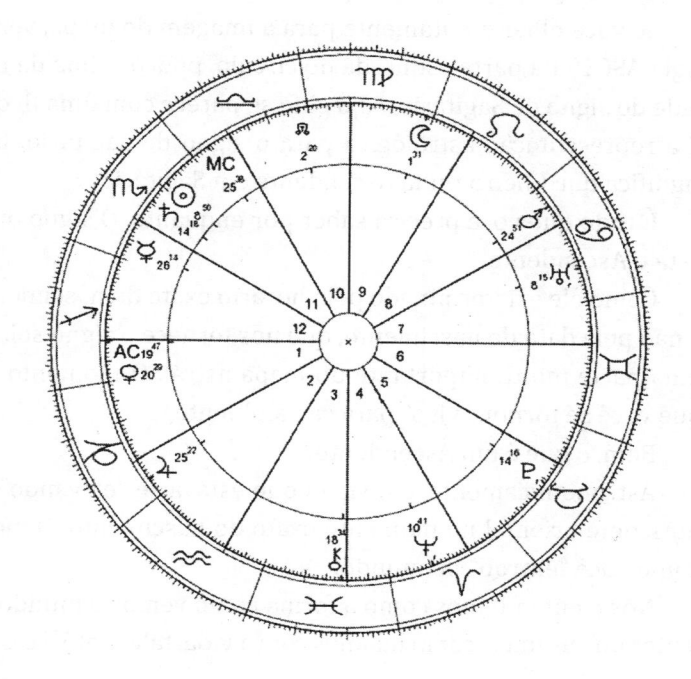

ASTRO DIENST
www.astro.com

43

Este é o mapa astral do conde Louis Hamon, mais conhecido pelo pseudônimo de "Cheiro". Ele nasceu na Irlanda e recebeu o nome de William John Warner, mas mudou-o quando começou a trabalhar no Reino Unido. Foi um famoso quiromante vitoriano que escreveu diversos livros sobre Quiromancia, Numerologia e Astrologia. Acabou se mudando para Hollywood e morreu lá em 1936. Na sua época, fazia leituras para pessoas como Mata Hari, a exótica dançarina que foi executada como espiã, Oscar Wilde em sua busca pela fama, o rei da Inglaterra Edward VII, que por acaso tinha quase o mesmo mapa que ele. Ambos tinham ascendente em Sagitário e a Lua em Virgem. Mencionei em meu primeiro livro, *Como Sobreviver a um Pisciano*, que aprendi a ler mãos graças às obras de Cheiro.

Se você olhar atentamente para a imagem do mapa, verá a sigla ASC19 na parte esquerda do círculo, pouco acima da metade do signo de Sagitário, cujo glifo se parece com uma flecha. É a representação astrológica para o signo de Sagitário. Isso significa que Cheiro tinha Ascendente em Sagitário.

É tudo que você precisa saber por enquanto. O signo onde está o Ascendente.

Como ele é determinado pelo horário exato do nascimento, e não pela data de nascimento, que nos fornece o signo solar, é uma parte muito importante do mapa astral. O momento em que você se tornou "vivo" para seu ambiente.

Bem, o que é um Ascendente?

Astronomicamente, é o signo que estava se "elevando" no horizonte oriental no momento exato do nascimento. O modo como você "entrou" no mundo.

Nós o entendemos como a forma como vemos o mundo, as lentes que usamos, como lidamos com a vida, talvez até o casaco que usamos. Ele não é "quem" somos, isso é o signo solar; é principalmente o modo como os outros nos veem.

Alguém com o Ascendente num signo de Fogo vai lidar com a vida de maneira mais agitada do que alguém com o Ascendente num signo de Terra. O ascendente é uma espécie de filtro de visão.

Então, Cheiro, que conhecemos como nosso amigo de Escorpião, tinha Sagitário no Ascendente, e por isso se interessava por todas as coisas "estrangeiras", outras culturas, espiritualidade e filosofia: o sentido da vida.

Seu Ascendente pode estar em qualquer signo do Zodíaco. Tudo depende da hora em que você nasceu; por isso, se você não tem essa informação, ignore este capítulo, pois o Ascendente muda de signo a cada duas horas.

Veja a seguir os Ascendentes para nosso amigo de Escorpião, com alguns exemplos e algumas citações de escorpianos famosos cujos mapas estão corretos, até onde sabemos.

Ascendente em Áries

Minhas oportunidades ainda
são vastas e fantásticas.
– Bo Derek

Como primeiro signo do Zodíaco, Áries é visto como o líder dos signos. É assertivo, destemido e vai corajosamente até onde anjos temem passar. Como signo de Fogo, age com segurança e rapidez. Tem muita autoconfiança e vai ignorá-lo se você discordar dele.

Ascendente em Touro

Preciso de alguma coisa realmente bonita
para contemplar nos quartos de hotel.
– Vivien Leigh

Touro é regido pelo amoroso planeta Vênus e desfruta de todos os romances e dos prazeres da vida. Ele é sensual, natural e prático. O corpo físico é um de seus principais interesses, e ele precisa mantê-lo satisfeito com boa comida, bom sexo e, quem sabe, um pouco de chocolate.

Ascendente em Gêmeos

As palavras são fortes e poderosas como bombas, como napalm.
– Dorothy Day

O signo etéreo, volúvel e tagarela de Gêmeos como Ascendente para Escorpião forma uma combinação interessante. Ele disfarça de forma inteligente a energia obscura de Escorpião, fazendo-o se interessar por todas as formas de comunicação, especialmente a fala e a palavra escrita.

Ascendente em Câncer

Você poderia escrever uma canção sobre algum tipo de problema
emocional que você tem tido, mas a meu ver essa não seria
uma boa canção enquanto você não passasse por um período de
sensibilidade e um momento de clareza. Sem esse momento
de clareza para contribuir com a canção,
ela será um simples lamento.
– Joni Mitchell

Como outro signo de Água, Câncer é sensível a todas as emoções e aos sentimentos, especialmente aqueles que giram em torno da família e das crianças. Questões domésticas como culinária e manutenção da casa são um interesse, e não um problema. Para um escorpiano, porém, pode dobrar a tendência às flutuações de humor.

Ascendente em Leão

Eu só queria gravar um sucesso,
só queria ser como essas pessoas no rádio.
– Art Garfunkel

O ensolarado Leão gosta de brilhar, de ver e de ser visto. Não é um signo tímido e gosta de ser venerado, de tapete vermelho e de uma plateia que lhe dê reconhecimento. Para um escorpiano, isso pode causar certa confusão interna: por um lado, ele quer reconhecimento; por outro, sigilo e obscuridade.

Ascendente em Virgem

Um homem abre mão de quase tudo,
menos de seu sofrimento.
– John Cleese

Entre os signos mais propensos às preocupações, Virgem está no topo da lista. Pensamentos incessantes e repetitivos e uma profunda preocupação com a saúde e a cura podem criar angústia. Do lado positivo, Virgem gosta de ordem e de categorização, e da capacidade de ser específico e exato.

Ascendente em Libra

Johnny e eu. Nascemos grudados pelos quadris.
– Cleo Laine

Libra é o outro signo regido por Vênus e forma relacionamentos pessoais e íntimos, uma necessidade absoluta. Costumo "receitar" um parceiro para pessoas com este Ascendente, pois, do contrário, elas se sentem perdidas e solitárias. Há ainda questões relacionadas com o que é certo e equilibrado, pois o signo de Libra é representado pela balança da Justiça.

Ascendente em Escorpião

Acredito numa zona de privacidade.
– Hillary Clinton

Não se aproxime muito sem ser convidado. Dobrar a energia de Escorpião significa que esta pessoa vai montar uma parede impenetrável para intervenções indesejadas. Sigiloso, intenso, talvez até ciumento se estiver num dia ruim, mas certamente focado, cegamente honesto e verdadeiro. E se ele não gostar de você, você deixa de existir. Você será "nada".

Ascendente em Sagitário

Durante minha permanência na Índia, alguns brâmanes...
me permitiram examinar e copiar trechos de um livro extraordinário...
que eles consideravam quase sagrado.
– Cheiro

O expansivo, extrovertido e filosófico Ascendente em Sagitário vai tornar o escorpiano mais capaz de cometer erros e de deixá-los de lado. Ele vai querer chegar ao lugar mais alto e ir o mais longe que puder com suas flechas de percepção. Ele também vai lhe dizer como são as coisas, sem restrições.

Ascendente em Capricórnio

A vitória é fugaz. A derrota é para sempre.
– Billie Jean King

Signo mais sério, porém muito compatível com as energias de Escorpião, o terroso Capricórnio verá o mundo com as lentes da realidade firmemente no lugar. O lado negativo pode ser a tendência para uma visão mais sombria; no entanto ele é capaz de aceitar grandes responsabilidades.

Ascendente em Aquário

Não existe uma saída da mente?
– Sylvia Plath

O aéreo Aquário precisa de liberdade mental e não vai gostar de limitações, regras ou regulamentos. Inventivo, cerebral e certamente um signo mais frio para o escorpiano absorver, pode criar certa discórdia e conflitos mentais. Do lado positivo, muita discussão, pensamentos e ponderações.

Ascendente em Peixes

*Um santuário torna-se um esconderijo,
e isso não é benéfico para ninguém.*
– Demi Moore

Outro signo de Água, Peixes aumenta a sensibilidade emocional de Escorpião. Como último signo do Zodíaco e mais propenso a absorver os problemas dos outros, este Ascendente pode se tornar uma esponja emocional. A prática diária da meditação ajuda, bem como lembrar que nem tudo que está errado pode ser corrigido todas as vezes, o tempo todo.

Capítulo 4

♍ A Lua ♍

Se na Astrologia o Sol representa nosso "ego", quem somos, então a Lua, tal como na vida real, reflete a energia do Sol e torna-se na Astrologia nosso subconsciente, ou nosso eu emocional. Quando o Sol e a Lua estão às turras um com o outro, pode acontecer de se dizer uma coisa... e fazer outra, por isso ajuda muito compreender o signo lunar de seu escorpiano.

O símbolo da Lua é uma lua crescente; procure-o no mapa que você fez.

Lembre-se também dos Elementos, pois o Sol em Escorpião é um signo de Água e se a Lua dele estiver num signo de Fogo – Áries, Leão ou Sagitário –, ele vai entrar no "modo de ação" de vez em quando e você ficará ali se perguntando: a) de onde veio tanta energia, e b) o que aconteceu com aquela pessoa emotiva e profunda com quem você estava conversando ontem.

Como a Lua representa nossas emoções, compreendê-las vai tornar as coisas bem mais fáceis, especialmente se a vida estiver ficando agitada ou descontrolada.

Às vezes, penso que a vida seria bem mais fácil se não tivéssemos emoções, mas depois imagino como ela seria tola e desprovida de imaginação. Porém, como acontece com tudo, conseguir um equilíbrio é a melhor maneira de seguir em frente.

Emoções demais nos deixam presos a nossos sentimentos, desgastados pelo pesar, pelas preocupações e pelo desespero. Se não tivermos emoções suficientes, sentiremos falta da alegria, da excitação ou da felicidade. Conseguir um equilíbrio perfeito significa que podemos nos sentir em paz, uma sensação muito boa.

Em nosso exemplo, Cheiro tem a Lua no signo de Virgem, e por isso ele tinha muita facilidade para categorizar e recuperar informações. Ele ganhou a vida lendo mãos por mais de quarenta anos e, quando morreu, deixou uma coleção de milhares de impressões palmares.

As Essências Florais do Dr. Bach

Em 1933, o dr. Edward Bach, médico homeopata, publicou um pequeno livro chamado *The Twelve Healers and Other Remedies*.* Sua teoria era de que se o componente emocional que uma pessoa estivesse sentindo fosse removido, sua "doença" também iria desaparecer. Costumo concordar com esse tipo de pensamento, pois a maioria das doenças (exceto ser atropelado por um ônibus) é precedida por um evento desagradável ou por uma perturbação emocional que faz com que o corpo saia de sua sintonia. Remover o problema emocional e proporcionar alguma estabilidade à vida da pessoa, quando ela está passando

---

* *Os Remédios Florais do Dr. Bach – Incluindo Cura-Te a Ti Mesmo e Os Doze Remédios*, publicado pela Editora Pensamento, São Paulo, 1990.

por um momento difícil, pode melhorar tanto sua saúde geral que ela volta a se sentir bem.

Saber qual Essência Floral de Bach pode ajudar a reduzir as preocupações e os abalos dá a seu escorpiano mais controle sobre a própria vida. Recomendo muito as essências em minha prática profissional quando sinto que alguma parte do mapa da pessoa está desequilibrada... e geralmente é a Lua que precisa de ajuda. As essências descrevem os aspectos negativos do caráter, que são focalizados durante o tratamento. Essa conscientização ajuda a inverter essas tendências, e por isso, quando nosso eu emocional está bem e confortável, podemos enfrentar o dia com mais forças.

Para cada signo, citei as palavras exatas do dr. Bach.

Para usar as Essências, pegue duas gotas do concentrado, ponha-as num copo com água e beba. Costumo recomendar que sejam postas numa pequena garrafa de água, para que sejam bebericadas pelo menos quatro vezes ao longo do dia. No caso de crianças pequenas, faça o mesmo.

Lembre-se de procurar um médico e/ou uma orientação profissional caso os sintomas não desapareçam.

Lua em Áries

Creio que não conseguimos perceber como estamos indo depressa
enquanto não paramos por um minuto e compreendemos
como a vida está barulhenta e agitada,
e como nos distraímos com facilidade.
– Meg Ryan

Como signo de Fogo, e primeiro signo do Zodíaco, Áries se preocupa com o "eu". Ele precisa sentir que o mundo gira em torno de seus sentimentos, e por isso não são muito bons em repartir ou em chegar a um meio-termo. Mas tem o benefício de ser completamente sincero; se você perguntar a alguém com Lua em Áries como ele está se sentindo e ele contar, estará sendo absolutamente honesto.

Essência Floral de Bach *Impatiens*:

> *Para os que são rápidos de raciocínio e ação, e que desejam que tudo seja feito sem hesitação ou demora.*

Lua em Touro

Touro depende de seus sentimentos e instintos para compreender melhor a natureza da realidade física.
– Bil Tierney

Baseada na realidade da Terra e em todos os seus prazeres, a Lua em Touro vai querer comida saborosa, finanças estáveis e sexo puro. O sabor é importante, bem como as sensações sinestésicas do tato, e por isso roupas macias, de veludo, seda ou cetim, bem como coisas que são agradáveis ao contato, são incrivelmente importantes. Nunca dirá "não" para bons vinhos e chocolate, e, como signo mais lento, desenvolve-se gradualmente. Não o apresse!

Essência Floral de Bach *Gentian*:

> *Para os que se desencorajam facilmente. Podem progredir bem no que se refere às doenças ou questões da vida diária, mas*

qualquer imprevisto ou obstáculo a seu progresso gera dúvidas e logo se deprimem.

Lua em Gêmeos

Por isso, creio que a curiosidade é algo realmente importante para nos mantermos jovens ou joviais.
– Goldie Hawn

Ah, a eterna criança! Gêmeos nunca quer crescer! Este é o signo lunar das duas opções e opiniões, pois representa os gêmeos astrológicos. Gosta de discussões, argumentações, conversas e de coisas mentais e ágeis (pois é um signo de Ar). Adora as viagens curtas.

Essência Floral de Bach *Cerato*:

Para os que não têm confiança suficiente em si mesmos para tomar as próprias decisões.

Lua em Câncer

Todos discutem minha arte e fingem entendê-la, como se fosse necessário entender, embora seja simplesmente necessário amar.
– Claude Monet

A Lua em Câncer fica realmente feliz quando consegue sentir suas emoções com segurança, aconchego, conforto e atenção. Como Câncer é "regido" pela Lua, esta se sente em casa. Pode ser resmungão e sujeito a flutuações de humor, mas, do mesmo modo, ama profundamente. Adora também a mãe, o lar e as delícias do lar, e todas as coisas antigas e tradicionais.

Essência Floral de Bach *Clematis*:

Alimentam esperanças de tempos melhores, quando seus ideais poderão ser realizados.

Lua em Leão

É engraçado ver as pessoas dizerem "Acho que a Julia não gosta de mim". Meu bem, se eu não gostar de você, você vai ficar sabendo.
– Julia Roberts

Quando a Lua está em Leão, as coisas esquentam. É uma Lua animada, otimista, mas ignore-a e correrá riscos! Essa Lua adora se cobrir com o brilho do amor de seu grupo de seguidores, desfruta o tratamento com tapete vermelho, estremece se você se esquece do nome dela e adora quando você a trata efusivamente por sua generosidade, que é grandiosa.

Essência Floral de Bach *Vervain*:

Para aqueles que têm ideias e princípios rígidos que consideram certos.

Lua em Virgem

Ser maluco não faz mal, mas não seja insano.
– Puff Daddy

Temos aqui o signo que poderia ganhar o diploma da preocupação. Ele se preocupa com isto, depois se preocupa com aquilo, depois se preocupa com a preocupação e assim por diante. Num dia tranquilo, seu poder de análise e de classificação é uma maravilha, e ele tem uma memória enorme para informações irrelevantes. Põe com satisfação os pingos nos "ii" e corta os "tt", lembrando-o de que você disse isso ou aquilo em certa data. Enciclopédias e bibliotecas são boas pedidas.

Essência Floral de Bach *Centaury*:

> *Sua natureza boa as conduz a fazer mais do que a sua parte do trabalho e, ao fazerem isso, negligenciam a própria missão nesta vida.*

Lua em Libra

Fui rainha e você me tirou a coroa; esposa, e você matou meu marido; mãe, e você me privou de meus filhos. Resta apenas meu sangue; leve-o, mas não me faça sofrer muito.
– Rainha Maria Antonieta

Este é o signo clássico da indecisão, representado pela balança que simboliza o signo de Libra. Devo fazer isto ou aquilo? Ou aquela outra coisa? Suas preocupações se concentram nos relacionamentos pessoais, e ele se sente melhor com um anel no dedo e alguém para amar. Justiça e equilíbrio também são importantes.

Essência Floral de Bach *Scleranthus*:

> *Para aqueles que sofrem muito por serem incapazes de decidir entre duas coisas, inclinando-se ora para uma, ora para outra.*

Lua em Escorpião

*Desde o início, eu quis que esse disco fosse visceral,
físico e imperativo.*
– Björk

Se você imaginar um vermelho profundo, profundo, terá uma ideia do que significa ter a Lua em Escorpião. Sentimentos profundos, pensamentos profundos e até ressentimentos profundos se a pessoa se sentir frustrada em seus desejos. Não há meio-termo. É tudo ou nada. Se você estiver do lado deste escorpiano, ele vai acompanhá-lo nos bons e nos maus momentos. E não se deterá diante de nada, se você não estiver. Não é uma combinação que se deva provocar.

Essência Floral de Bach *Chicory*:

Estão continuamente afirmando o que consideram errado e o fazem com prazer.

Lua em Sagitário

*Se você realmente acredita que está certo,
não precisa temer qualquer tipo de crítica.
Creio que essa deve ser a única filosofia que
extraí de minhas experiências.*
– Michel Gauquelin

Como signo de Fogo e uma das Luas mais ágeis e rápidas, a Lua em Sagitário quer a resposta para todas as perguntas da vida, ou, no mínimo, quer fazê-las e investigá-las. Qualquer tipo de aprendizado ou de ensino mantém esse nativo ocupado, pois ele vai querer entrar em contato com outros países e outras civilizações. Do lado negativo, adora "ter razão", por isso tome cuidado para não pôr em xeque suas crenças.

Essência Floral de Bach *Agrimony*:

> *Escondem suas preocupações por trás de seu bom humor e de suas brincadeiras e tentam suportar seu fardo com alegria.*

Esta Essência aparece com o subtítulo "Sensibilidade excessiva a influências e opiniões".

Lua em Capricórnio

Cresci sendo tratada como se fosse estrangeira, e meu nome não era anglo-saxão. Para mim, porém, foram esses obstáculos que me tornaram mais forte.
– Ming-Na

Capricórnio é governado pelo severo Saturno, o planeta dos "golpes duros". Ele aprende desde cedo que a vida não é sempre tranquila e divertida. Ele prefere assuntos sérios, ideias sensatas e uma vida construída sobre bases firmes. Suporta melhor os problemas do que qualquer outro signo e é estoico no modo de enfrentar os desafios da vida.

Essência Floral de Bach *Mimulus*:

> *Para medo de coisas terrenas: doenças, dor, acidentes, pobreza, escuridão, solidão, infortúnio. São os medos da vida diária. As pessoas que necessitam deste medicamento são aquelas que, de forma silenciosa e secreta, carregam consigo medos sobre os quais não falam a ninguém.*

Lua em Aquário

Morro adorando a Deus, amando meus amigos,
sem odiar meus inimigos e detestando superstições.
– Voltaire

A amizade com "A" maiúsculo rege Aquário. Para um escorpiano, isso reduz levemente sua profundidade emocional e permite o nascimento de ideias e amizades estranhas e maravilhosas. Cheio de ideias e de pensamentos malucos, ele vai atraí-lo para sua visão de mundo, que é inclusiva e utópica. Se ele é feliz ou não como ser humano, isso é discutível. Lembro-me de Spock, de *Jornada nas Estrelas*, mas certamente será alguém divertido.

Essência Floral de Bach *Water Violet*:

Para aqueles que gostam de ficar sozinhos, que são independentes, capazes e autoconfiantes. São indiferentes e seguem o próprio caminho.

Lua em Peixes

Sei que alguns budistas conseguem
atingir a paz de espírito.
– Martin Scorsese

Como último signo do Zodíaco e extremamente suscetível a fadas, anjos e todas as coisas espirituais e do outro mundo, um escorpiano com a Lua em Peixes terá uma estrada ligeiramente mais longa a percorrer até o contentamento. Como signo do mártir, ele pode, num dia ruim, imaginar todo o sofrimento do mundo, o que fará com que se sinta fraco e triste. Num dia bom, ele vai achar que você está tentando entrar em contato com ele, imaginar (corretamente) como você está se sentindo e "estará presente" com você nesta vida e na próxima. O que você precisa fazer é trazê-lo de volta para a Terra de vez em quando...

Essência Floral de Bach *Rock Rose*:

Para casos em que parece não haver qualquer esperança ou quando a pessoa está muito assustada ou aterrorizada.

Capítulo 5

♍ As casas ♍

Uma das coisas mais difíceis de explicar para um astrólogo novato é o que é uma "casa". Vou fazer o melhor que posso para ser lógica, mas me desculpe, por favor, caso eu não consiga.

Casa é uma expressão astrológica para a divisão do mapa celeste que chamamos de Mapa Natal, Mapa Astral ou Horóscopo.

Os astrólogos não se contentaram em simplesmente traçar a órbita dos planetas, eles também queriam fazer mais cálculos e dividir as coisas. Por isso, dividiram o círculo do mapa em doze porções iguais.

Eu uso um sistema de casas chamado de Casas Iguais, mas há muitas outras formas de se dividir um círculo, como qualquer faca de bolos pode lhe mostrar. O sistema padrão que a maioria dos programas de computador e sites da Internet usa é chamado de Placidus, mas, para mim, ele fica um pouco estranho, pois cada casa tem um tamanho diferente... e eu gosto de ter ordem na minha vida, prefiro que as coisas sejam iguais.

Quando eles dividiram o círculo, queriam que essas divisões significassem alguma coisa, e é esse significado que eu vou explicar.

♍ As casas ♍

O mapa precisa ter um ponto de partida, que é o Ascendente, do qual já falamos antes... e as divisões são as casas, que representam áreas diferentes da vida. E se um planeta está numa certa casa, ele "significa" outra coisa.

Portanto ter o Sol na primeira casa, algo que vamos estudar logo adiante, significa que você será mais assertivo, mais incisivo, talvez um pouco mais "bem na sua frente" do que alguém com o Sol na casa 12, que provavelmente vai querer se esconder.

O Ascendente e a primeira casa representam o modo como lidamos com a vida, a segunda casa, nossas finanças e nossa atitude diante da vida, e também a maneira como nós nos "valorizamos", e assim por diante, dando a volta pelo círculo no sentido anti-horário, ou, como dizem nos Estados Unidos, contra o sentido do relógio. Incluí apenas o significado do Sol em Escorpião em cada casa. Há outros nove "planetas" que usamos num mapa, e este livro é pequeno demais para incluir todas as possibilidades, mas o simples fato de conhecer o signo Ascendente, o signo lunar e a posição do Sol no círculo é um ótimo ponto de partida. Em nosso mapa de exemplo, o de Cheiro, seu Sol está na casa 11.

É aqui que o cientista mediano fica intrigado. Como alguma coisa num pedaço de papel ou num mapa pode se relacionar com alguma coisa pessoal de um ser humano?

Um modo de lidar com a questão é pensar que todos nós fazemos parte do mesmo cosmos. Todos nós existimos no mesmo universo e, embora pensemos que não nos influenciamos mutuamente, nós o fazemos. Quando o seu dia começa mal porque o carro não quis pegar, você fica zangado e rabugento, e as pessoas próximas também ficam igualmente zangadas e rabugentas porque você está resmungando... e assim por diante.

Na Astrologia, usamos a expressão "o que está em cima é como o que está embaixo", pois o que acontece na Terra é o reflexo daquilo que acontece no céu. Não é a mesma coisa, é algo similar.

Os astrólogos da Antiguidade dividiam o mapa num quadrado, por isso o mapa nem sempre foi circular. Porém o círculo acabou pegando, e é o que usamos hoje. São doze "casas", cada uma representando um aspecto de nossa vida, desde nosso eu até nossos amigos e nossa família, o cônjuge, nosso nascimento e nossa morte, nossa carreira, nosso trabalho... dando a volta e chegando até nosso eu espiritual. É interessante observar que a casa 8, que representa a morte e o nascimento, tem energias similares às de Escorpião, que é o oitavo signo do Zodíaco, mas não iguais.

Muito bom.

A Primeira Casa, Casa da Personalidade

Toda ação resulta do pensamento,
portanto o que importa são os pensamentos.
– Sai Baba

A primeira casa é o ponto no qual emergimos no mundo. Onde as coisas são imediatas e ativas. Nosso nascimento. Com o Sol aqui, seu escorpiano será confiante, capaz de lidar de forma rápida e determinada com suas tarefas, corajoso e seguro (dependendo do signo em que sua Lua está). Menos capaz de compartilhar.

(Ascendente Escorpião ou Libra)

A Segunda Casa, Casa do Dinheiro, de Bens Materiais e da Autoestima

Se você soubesse como preparam a carne,
provavelmente você colocaria seu almoço para fora.
– k. d. lang

A segunda casa diz respeito a nosso "valor e mérito", e por isso pode significar literalmente dinheiro e bens, pois eles têm valor, ou pode representar figurativamente quanto você é estimado como pessoa. Ele vai adorar comida, massagens, chocolate e bons vinhos. Qualquer coisa que possa ser desfrutada fisicamente pelo corpo. O Sol aqui faz com que seu escorpiano tenda a querer viver no mundo físico e real, com menos tendência a se basear em ideias abstratas.
 (Ascendente Libra ou Virgem)

A Terceira Casa, Casa da Comunicação e de Viagens Curtas

Pode aquele que pensa que pode,
e não pode aquele que pensa que não pode.
Esta é uma lei inexorável, indiscutível.
– Pablo Picasso

A terceira casa representa nossas primeiras palavras. Se a primeira casa é o recém-nascido e a segunda, o bebê, a terceira é a criancinha fazendo a eterna pergunta, "Por quê?". Aqui, o Sol faz com que o nativo goste de conversar, de escrever, de se comunicar e de ingressar em viagens curtas. Os irmãos também são importantes, bem como tudo que for relacionado ao contato com as pessoas. Por isso, tome cuidado com a conta do telefone!

(Ascendente Virgem ou Leão)

A Quarta Casa, Casa do Lar, da Família e das Raízes

Eu estava decidida a dedicar todo o meu tempo a meus filhos.
A necessidade que o filho sente pelo amor e pelos cuidados
da mãe é tão urgente e fundamental quanto a
de uma planta por sol e água.
– Indira Ghandi

O Sol na quarta casa gira ao redor do sustento, da família e dessas coisas que fazem com que nos sintamos caseiros e assentados. Também é a casa de nossas raízes; portanto, com o Sol aqui, pode haver um interesse em histórias da família ou em parentes distantes. O instinto materno também se mostra bem desenvolvido.

(Ascendente Leão ou Câncer)

A Quinta Casa, Casa da Criatividade e do Romance

Para interesse e satisfação infatigáveis,
uma casa cheia de crianças; se as coisas forem
razoavelmente bem, todas as outras formas de sucesso e
de realização perdem em importância.
– Theodore Roosevelt

Esta é a casa da confiança, que gosta de aparecer. Criativa? Sim. Dramática? Também. Ela inclusive lida com crianças e romance. Ignorar um Sol na quinta casa não é uma boa opção, pois ele acaba emburrado. Ele adora atenção, elogios e ser notado, e, em troca, será afetuoso e generoso.

(Ascendente Câncer ou Gêmeos)

A Sexta Casa, Casa do Trabalho e da Saúde

Passe três dias sem água e você não terá mais direitos humanos.
Por quê? Porque você estará morto. Física e química são
coisas com as quais você não pode negociar.
Essas são as leis do mundo físico.
– Margaret Atwood

Como esta é a casa da saúde e da cura, e também – estranhamente – do trabalho, nela o Sol em Escorpião vai se manifestar como alguém que gosta de se ocupar com sua condição física, esmiuçando os detalhes da vida. A preocupação também pode ser um problema.

(Ascendente Gêmeos ou Touro)

A Sétima Casa, Casa dos Relacionamentos e do Casamento

Acredito no casamento, sinceramente. Não estou me referindo
apenas a um casamento com um contrato legal,
mas a qualquer relacionamento que constitua um casamento
em virtude da qualidade do relacionamento.
– Helen Reddy

A sétima casa fala do casamento e dos relacionamentos pessoais mais próximos. Com o Sol nela, manter uma parceria será a maior prioridade. Ser solteiro tem um peso significativo, e assim o namoro estará acima de tudo. Essa casa vê a vida por meio desses relacionamentos e se sente melhor quando tem um anel no dedo ou, no mínimo, alguém especial na vida.

(Ascendente Touro ou Áries)

A Oitava Casa, Casa da Força Vital no Nascimento, no Sexo, na Morte e na Vida Após a Morte

Nosso amor é tão furioso que um queima o outro.
– Richard Burton

Como esta é a casa "natural" para o Sol em Escorpião, pois a oitava casa é similar ao oitavo signo, Escorpião, o Sol nesta casa será 100% escorpiano. Sentimentos profundos, emoções profundas, experiências sem limite, vastas. A vida é vivida com intensidade, com "I" maiúsculo. Não há meias medidas aqui, tudo se move num ritmo rápido e frenético.

(Ascendente Áries ou Peixes)

A Nona Casa, Casa da Filosofia e de Viagens Longas

Para uma jovem jornalista, nada é melhor do que escrever
sobre alguma coisa que as outras pessoas não conhecem.
Se você conseguir rumar para algum lugar no exterior,
para mim, esse é, de longe, o melhor meio de ter sucesso.
– Tina Brown

Quando o Sol cai na nona casa, há o desejo de viajar o mais longe possível e de conhecer culturas exóticas, estranhas e diferentes. Essa casa se interessa e se inspira por filosofia, religião, espiritualidade e qualquer forma de pensamento complexo. Ela quer saber "Por quê?" e adora questionar conceitos.

(Ascendente Peixes ou Aquário)

A Décima Casa, Casa da Identidade Social e da Carreira

Meus pais eram extraordinários, bem como os pais deles, por isso venho de uma longa linhagem familiar cuja crença é "Você pode fazer isso, mas precisa se esforçar muito mesmo – e você não pode ficar se desculpando".

– Condoleezza Rice

Esta é a casa pela qual os "outros" vão julgá-lo, ou você mesmo vai se julgar segundo sua capacidade de ter sucesso. É a casa mundana, e nela o Sol em Escorpião vai querer se alçar sobre uma origem humilde e "melhorar". A ambição será muito importante, e, sendo regida por Saturno, o mestre das tarefas difíceis, ela pode levar algum tempo até chegar lá, mas precisa chegar.

(Ascendente Aquário ou Capricórnio)

A Décima Primeira Casa, Casa da Vida Social e da Amizade

Sou uma dessas pessoas que pensa como Nobel – que a humanidade vai auferir mais coisas boas do que ruins com as novas descobertas.

– Marie Curie

Para a 11ª casa, as amizades são importantes, bem como um propósito altruísta. Ela vai gostar mais de trabalhar em grupos e de estar neles do que de estar só (dependendo de outros fatores do mapa), e pode ser um pouco distante nos relacionamentos pessoais em função disso. Visões compartilhadas são interessantes para ela, bem como o desejo de beneficiar de algum modo a humanidade.

(Ascendente Capricórnio ou Sagitário)

A Décima Segunda Casa, Casa da Espiritualidade

Acredito numa zona de privacidade.
– Hillary Clinton

O Sol na 12ª casa precisa de algum tempo para si, longe dos outros, com espaço para poder apenas "ser". O tempo que o nativo passa sozinho, talvez na natureza, talvez trancado no banheiro ou no chuveiro, num lugar com água e onde suas emoções possam ser sentidas sem interrupção, é valorizado. Se estivesse numa banda de rock, o Sol na 12ª casa tocaria o baixo ou a guitarra base, não seria o vocalista. Ele sente mais as coisas do que admite.

(Ascendente Sagitário ou Escorpião)

Capítulo 6

♍ *As dificuldades* ♍

Como já disse, eu trabalho na "linha de frente" com meus clientes. Eles me procuram por uma série de motivos, dentre os quais a infelicidade é o mais frequente. Podemos nos entregar facilmente à tristeza quando nossa vida está repleta de tragédias, de estresse ou de expectativas ou ambições não concretizadas.

Os clientes de Escorpião só me procuram quando essas "coisas" estão *realmente* difíceis. É muito pouco provável que um cliente de Escorpião me procure quando ainda está "no controle". Eles só marcam uma consulta quando esse controle some.

E eles raramente me contam o verdadeiro motivo da consulta, por isso preciso mergulhar profundamente em sua situação de vida e em suas circunstâncias, e eles precisam sentir que podem confiar em mim antes de me dizer o que realmente está acontecendo com eles.

Uma coisa que você não pode fazer ao trabalhar com um cliente escorpiano é vir com conversa fiada ou blefes. Você precisa ser honesto até doer, mas é essa honestidade que ele vai querer ouvir.

Se o Ascendente dele também estiver em Escorpião, posso garantir que ele se sente em segurança. Também preciso saber se ele entende que o que ele for me contar é confidencial, que não vou discutir aquilo que ele me disser com ninguém, a menos que esteja ameaçando se ferir ou ferir outra pessoa. Nesse caso, posso ter de informar isso a uma autoridade.

Bem, se a cliente que eu estiver atendendo for casada com um escorpiano, estiver namorando ou mantendo um relacionamento com um ou for amiga de um deles, as coisas ficam um pouco diferentes. Dependendo do signo do amigo ou do cônjuge ou o que for, vou entender como minha cliente está lidando com a situação. Os piscianos costumam se sentir totalmente sufocados pelos eventos e querem que eles parem, enquanto os arianos vão lutar, batalhar e dar tudo de si, o que não vai funcionar com o escorpiano... nunca. Nem se ele for muito bem-educado.

Eis o que Jacqueline, com Sol e Lua em Áries (e Marte bem no Ascendente, mas isso já é outra história), fala sobre o comportamento de seu ex-marido:

> *"No começo do casamento, por exemplo, uma lavanderia arruinou um casaco velho dele. Ele ficou discutindo o problema durante horas, e chegou a falar em ENVENENÁ-LOS!"*

Ela não só ficou com ele depois desse episódio, como os dois tiveram um filho.

Foi interessante ouvi-la explicar como e por que ela o deixou:

> *"Depois de 20 anos me perguntando por que o deixei entrar na minha vida, eis o que decidi: eu precisava adquirir a coragem da ariana. E só quando eu não temia mais a morte é que tive coragem de deixá-lo. Às vezes, penso que foi um milagre eu ter sobrevivido. Um dos advogados dele não resistiu – ele se suicidou."*

Não importa como você analise a questão – é preciso que haja muita emoção envolvida para que situações assim aconteçam, e são essas emoções que precisam ser compreendidas e controladas, por ambos, antes que se encontre uma solução. Portanto, a seguir, veremos algumas situações do cotidiano que você pode enfrentar com seu escorpiano e como lidar com elas.

Meu escorpiano* quer que eu prometa fazer alguma coisa

Se você quer ser feliz com o escorpiano de sua vida, não prometa nada que você possa querer mudar depois ou que não possa fazer com facilidade.

Não prometa nada a menos que tenha 100% de certeza de que pode conseguir o resultado esperado. E, definitivamente, não prometa amor eterno. Só apresente os fatos.

Muitos relacionamentos de todos os tipos foram destruídos por alguém que prometeu alguma coisa para um escorpiano e depois não conseguiu cumprir a promessa. Essa é uma coisa que um escorpiano raramente fará, ou seja, quebrar uma promessa; por isso, tome cuidado para não se comprometer, a menos que possa jurar de pés juntos que vai fazer o que prometeu. Talvez seja melhor dizer que vai "fazer o melhor que pode" ou que vai "começar" ou "vai tentar". Como já disse, vai depender do seu signo. Se você for do tipo tagarela, cuidado para não dizer nada de que possa se arrepender.

---

* Para evitar flexões de gênero que tornam a leitura incômoda, como meu (minha), o(a) etc., mantive o gênero inflexível, exceto em casos específicos. (N. do T.)

Meu escorpiano não me fala nada/não conta tudo

É espantoso ver como isso perturba tanta gente. Os escorpianos só fazem confidências quando se sentem seguros não apenas quanto ao seu comportamento, mas também quanto às suas palavras e aos sentimentos mútuos. Não adianta colocá-los contra a parede no momento em que eles entrarem em casa. Ou perguntar o que fizeram, ou onde estavam.

Isso é assunto deles.

Eles vão lhe dizer quando estiverem prontos e bem-dispostos.

Tive uma cliente aquariana com a Lua em Escorpião que era casada com um escorpiano com a Lua em Aquário. Mal ele punha o pé em casa, e lá estava ela perguntando onde, quando e por quê.

Ele só queria relaxar, ela queria um relatório completo dos eventos do dia.

No entanto, quando a situação se inverteu e ele lhe perguntou o que ela estivera fazendo, ela teve um chilique e o acusou de ser ciumento e de desconfiar dela. Isso durou meses e meses.

Finalmente, ela deixou que ele se acalmasse e descansasse, e só foram conversar depois que ele conseguiu relaxar.

Quando minha cliente percebeu que ao questionar seu escorpiano ela estava presumindo que ele não era digno de confiança (embora o fosse), as coisas ficaram tranquilas.

Meu escorpiano é tão emotivo que não sei como lidar com ele

Isso causa muita angústia nos signos de Ar. Atendi uma cliente geminiana, aposentada, que não conseguia fazer com que seu marido escorpiano recém-aposentado visse o mundo de uma maneira leve e suave, como ela via. Ela achou que ele estivesse deprimido.

Ela queria fazer pequenas viagens, visitar construções históricas, ir a concertos, ele queria ficar em casa e fazer coisas "caseiras". Isso a estava preocupando muito. Lá estava ela, radiante e despreocupada... e lá estava ele, fazendo o que queria, sem morder a isca. Sugeri à minha cliente que saísse para fazer todas as coisas de que ela gostava, e talvez seu escorpiano a acompanhasse de vez em quando. Enfatizei o *de vez em quando*.

Se o seu escorpiano ficar emotivo, espere a emoção passar. Ela vai passar. Assim como a trovoada que ameaça arrancar o telhado da casa, o vento esmorece, a chuva cessa e as coisas ficam tranquilas e assentadas. O mesmo acontece com um escorpiano e suas emoções. Não tente impedi-lo de se emocionar. Ele adora a sensação de excitação que as emoções produzem, a sensação de vivacidade, de presença. De estar em seu corpo, como um ser humano vivo, real. Pode ser uma característica viciante e forte, mas é uma das coisas que você tem de compreender e respeitar num escorpiano.

Se suas emoções ficarem completamente descontroladas, use uma das Essências Florais de Bach descritas no Capítulo 4.

Meu escorpiano disse que nunca mais vai querer me ver/ouvir falar de mim

Se você for de Aquário, isso pode ser complicado. Pessoas de Aquário gostam muito de ter amigos, incluindo os ex-parceiros; por isso, quando ouvem que todo contato será interrompido, têm a sensação de que sofreram a rejeição suprema. Mas você terá de respeitar essa decisão.

Se você for de Peixes, leia novamente a frase e acredite nela. Ele não quer ver você de novo, o que significa que você pode tê-lo feito se sentir tão fora dos eixos que o fato de tornar a vê-lo pode fazê-lo cair do penhasco, e você não quer que isso aconteça, quer?

Ele lhe disse a verdade: que neste momento ele não quer vê-lo nem ouvir falar de você.

Fim do ciclo (como se costuma dizer nos Estados Unidos).

Ponto final (como se costuma dizer na Inglaterra).

Escorpião é ou não é. Ou ele gosta de você ou não; quanto ao amor, ou ele ama você ou não ama, e, se não ama, você está ocupando um espaço na vida dele que ele deseja reservar para a pessoa que *realmente* ama.

Fim.

Se você já tem certa idade, talvez se lembre da agonia do relacionamento entre Elizabeth Taylor e Richard Burton. Ela era uma pisciana flexível, ele era um escorpiano intenso. O Ascendente dele era Áries (assertivo) e tinha a Lua em Virgem (preocupado), e ela tinha Ascendente em Sagitário ("diga como é") e a Lua em Escorpião (intensa); casaram-se e se divorciaram duas vezes, mas mantiveram o contato.

Eis um trecho de uma carta que Richard lhe enviou depois de se divorciarem pela segunda vez:

"*Eu a amo, mulher adorável. Se alguém a magoar, escreva-me um bilhete dizendo algo como 'Preciso' ou 'Necessário', ou apenas uma palavra mágica, 'Elizabeth', e estarei aí mais depressa do que o som.*"

Seu romance esteve nas manchetes desde que começou, durante as filmagens de *Cleópatra*, em 1963, filme no qual ambos trabalharam. O resultado foi que tiveram um caso, pois ambos eram casados com outras pessoas; naturalmente, porém, o estúdio cinematográfico adorou a publicidade.

Tudo de que me lembro sobre o caso foi uma piada que circulou numa das escolas que frequentei, que era "Elizabeth Taylor foi para um Burton", da expressão inglesa "Gone for a Burton", que significa "morto, acabado".

Capítulo 7

♍ As soluções ♍

Agora que você conhece um pouco o signo de Escorpião e o modo como ele pensa e sente, vou explicar como conquistar a confiança dele.

Não imagine que vai ser fácil ou rápido.

Vou consultar novamente meu dicionário para saber o que significa confiança:

> *A crença firme na confiabilidade, veracidade ou força etc. de uma pessoa ou coisa, poder servir de base, expectativa fiel, coisa ou pessoa entregue aos cuidados de alguém, resultando numa obrigação.*

Para conquistar a confiança de seu escorpiano, você deve ter, antes de tudo, uma boa ideia de quem *você* é. O escorpiano terá passado toda a sua vida (e talvez até algumas vidas passadas) sabendo quem ele é, quem ele odeia, quais são seus pontos fracos, do que gosta e do que não gosta.

Se você não tem muita certeza de quem é, ou do rumo que sua vida está tomando, você não terá muitos atrativos para nosso oitavo signo.

Ser indeciso não é uma coisa de que sofre um escorpiano; por isso, se você for de Gêmeos ou de Libra, procure manter um estado mental mais firme.

A menos que se prove o contrário, seu escorpiano só deseja o melhor para você e para todos que o rodeiam; por isso, do mesmo modo, você terá de ser firme em suas convicções e seus gostos.

Você terá de ir devagar, Escorpião não é um signo de energia rápida. Você precisará ter uma paixão, e essa paixão pode ser por qualquer coisa, desde que a sinta de forma profunda e sincera. Uma paixão compartilhada é boa; até uma paixão complementar pode funcionar. Você pode gostar de música, ele pode se interessar por dança. As duas coisas vão bem juntas. Você pode gostar de certo *hobby* ou passatempo, como caminhar pelas colinas. Se o seu interesse e o dele combinarem de algum modo, as coisas irão bem.

Vamos ver o que diz o Jack, um jovem escorpiano que trabalha como artista gráfico numa editora de revistas. Ele fala sobre um relacionamento que teve e conta como foi esse relacionamento enquanto durou:

"Eu sinto muito, mas muito ciúme, e costumo fazer um drama por nada, mas, na época, não percebi isso, pois meus sentimentos são muito intensos. Ela era tudo para mim, mas meus sentimentos podem me levar facilmente para o outro lado, e quando isso acontece, as coisas começam a dar errado: eu digo e faço coisas que não deveria dizer ou fazer. Costumo me sentir traído (sem motivo), subestimado, e sinto tudo isso por... nada. Às vezes, vamos a algum bar, e se eu a vejo olhando para outro sujeito, bang!, meu humor muda completamente, eu a vejo de forma completamente diferente e acontece

um drama em casa. NÃO CONSIGO SUPERAR ISSO, pois naquele momento a única verdade que existe é o que eu estou sentindo. Na realidade, as coisas são assim o tempo todo. Tenho apenas uma verdade e um guia – meus sentimentos."

Agora, compare isso com a situação de alguém que esteja recebendo esse tipo de comportamento. Temos aqui Patricia, uma decoradora aquariana que mora em Londres e que namorou diversos escorpianos, mas nunca se casou:

"Saí com ele quando estava morando em Notting Hill. Tivemos um relacionamento breve, mas mantivemos a amizade e fomos amantes ocasionais por um período bem maior. Ele era uma figura, usava paletós de veludo e roupas antigas, comportando-se como o Senhor da Mansão. Era um restaurador de pedras preciosas e apaixonado por arquitetura e antiguidades. Ele morava numa casa grande, que estava passando por uma reforma, e essa reforma levou dez anos, no mínimo. O resultado apareceu numa revista de decoração. Ele também era meio maluco, e creio que era alcoólatra. Tinha um punhado de amigos no bar, os quais ele encontrava todos os dias, e seu passatempo predileto era ficar bem bêbado para assistir a filmes pornô com os amigos. Definitivamente, não era do tipo para casar. Sua vida amorosa era extremamente complicada, e geralmente ele saía com umas quatro ou cinco mulheres, e nenhuma sabia da outra. Eu sabia dessas mulheres e não ligava, mas ele não era uma pessoa legal para me relacionar!

Ele era cheio de segredos, e acho que ele gostava de jogar uma mulher contra a outra. No final das contas, ele ficou com uma mulher mais velha, toda elegante e mandona. Infelizmente, ela teve câncer e ele acabou tendo que cuidar dela. Estive com ele depois que ela morreu, e o caso deixou-o muito abatido. Ele ficou bem deprimido. Mantive a amizade com ele por um bom tempo, mas a bebida o tornou muito chato. Faz dois anos que eu o vi pela última vez, numa estação do metrô. Ele me viu e depois passou para o outro lado da plataforma. No começo, fiquei magoada, mas era típico dele. Muita gente o detestava, especialmente as mulheres."

Estas pessoas são reais, vivem no mesmo mundo em que você e eu vivemos, e é triste ver que não estão realizando seus sonhos ou sendo felizes.

Os problemas acontecem no mundo do escorpiano quando suas bases não são sólidas. Vamos voltar um pouco para Plutão. Lembre-se, é um planeta distante, com uma órbita ovalada. Ele não "faz" as coisas da forma como os outros planetas. Ele é diferente. É estranho.

É assim que o escorpiano se sente. Eles estão "fora" do mundo normal, estão mais em contato com aquele imenso mundo das emoções, algo que dura, dura e dura, e vai durar para sempre. E nesse tipo de vida, eles se esquecem do mundo físico e real que existe... e eles se sentiriam melhor se voltassem às vezes.

Não estou sugerindo que o escorpiano perde sua paixão ou seu ímpeto, mas de vez em quando um pouco de contenção vai impedi-lo de cair no mundo surreal.

Se você ou seu escorpiano estão tendo problemas emocionais, recue um pouco e pense em usar uma das essências florais que mencionei antes, ou uma das sugestões a seguir.

Dividi os escorpianos segundo a Lua ou o Ascendente, pois são esses elementos que vão diferenciar e individualizar a sua ajuda.

Ascendente ou Lua em Áries

Afaste-se! Não chegue tão perto! Um Áries/Escorpião abalado vai atravessar paredes para chegar à verdade. Ajude-o com ação, ação física. Façam judô, *tae kwon do*, esgrima (cuidado para não se espetar por descuido!), *squash*, qualquer coisa que seja fisicamente intensa e requeira muita energia para que as emoções possam extravasar.

Ascendente ou Lua em Touro

Esta combinação requer atividade física, mas de maneira bem mais calma e sensível. Boa comida, bons vinhos (mas não em excesso, você não vai querer se desviar do enredo!), bom sexo, boa massagem... qualquer coisa, desde que as necessidades corporais sejam totalmente supridas. Para fazê-lo se sentir mais feliz, prepare uma bela refeição ou leve-o à cozinha para assarem biscoitos, em pouco tempo ele vai se acalmar.

Ascendente ou Lua em Gêmeos

Pegue um bom livro. Pode ser a Bíblia (qualquer versão), leia alguns trechos, mencione outros, faça a conversa rolar. Se isso não resolver, ponha-o no carro e faça um passeio (funciona sempre), e deixe-o abrir o coração enquanto vocês dirigem. Movimento e companhia ajudam, e creio que também ajuda o fato de vocês olharem para o mesmo lugar, em vez de ficarem numa conversa frente a frente, coisa de que um escorpiano abalado não vai gostar.

Ascendente ou Lua em Câncer

Ative o seu modo simpático e demonstre preocupação e empatia. Peça ao Câncer/Escorpião para descrever, com toda emoção e detalhe, exatamente o que está sentindo. Você não pode escapar do ataque; por isso, prepare-se para emoções fortes e sentimentos do fundo do coração, pois eles virão à tona. Aproxime-se do espaço dele e mostre sua preocupação. Você não precisa dizer nada, e o simples fato de ouvir com atenção vai ajudar muito. Vocês também podem preparar uma refeição caseira para aliviar a tensão, pois Câncer/Escorpião adora cozinhar.

Ascendente ou Lua em Leão

Não ignore um Leão/Escorpião. Diga-lhe que ele terá toda a sua atenção e pergunte "Como posso ajudar, o que posso FAZER?". Ele não quer simpatia, mas talvez queira desabafar e explodir durante alguns minutos, até se sentir melhor. Ele vai querer um elogio sincero, aplausos com tapete vermelho e o reconhecimento de seu sofrimento. Em poucas horas, ele vai voltar a ser aberto e tranquilo, mas, se ignorá-lo, o risco é seu.

Ascendente ou Lua em Virgem

Virgem/Escorpião é uma ótima mistura para a preocupação. Ele se preocupa porque está preocupado. Isso *não é bom*. Você vai precisar do bom e velho *Ignatia* da homeopatia ou da Essência Floral de Bach *Centaury*, e de algum tempo para entender o que está acontecendo. A melhor postura é sugerir que ele se deite em silêncio para que seu cérebro possa desligar durante algum tempo.

Ascendente ou Lua em Libra

Relacionamentos e Amor são as preocupações de Libra/Escorpião. Uma massagem bem suave com aromaterapia, cores amenas, tudo "bonito", são coisas que funcionam bem. Como Libra é um signo de Ar e Escorpião é de Água, você pode encontrar um nevoeiro pela frente, sem saber como ajudar. Um ambiente calmo, com flores bonitas e raras, qualquer forma de arte e boas maneiras também ajudam muito. Nem pense em discutir, pois o resultado pode ser uma confusão ainda pior.

Ascendente ou Lua em Escorpião

Vingança e ações drásticas estarão na cabeça de um duplo Escorpião. Lide com isso ajudando-o a fazer coisas drásticas sem que ninguém se machuque. Escrever uma carta para as pessoas em questão queimando-a de forma ritual depois é uma boa tática, bem como criar muito espaço entre os antagonistas e seu escorpiano. NÃO se envolva com suas fantasias, que podem ser consideráveis, e assegure-o de que você ESTÁ do lado dele, mas que não vai se envolver. Seja firme. Seja forte. É nesses momentos que você precisa ter a mesma coragem interior que ele, apoiando-o.

Ascendente ou Lua em Sagitário

Uma discussão filosófica sobre os prós e contras daquilo que está acontecendo vai produzir bons resultados. Estudar o problema de forma inteligente e racional ajuda o Sagitário/Escorpião a seguir em frente. Se você puder citar a opinião de um ou dois filósofos a respeito, melhor ainda. Faça planos para uma bela e longa viagem para um país exótico; isso também vai levá-lo ao nirvana.

Ascendente ou Lua em Capricórnio

Seja realista, tenha senso prático e apresente soluções sensatas. Envolva a família. Capricórnio/Escorpião quer a visão real, não alguma coisa vaga ou "nova era". Se um parente distante passou por um problema similar, lembre-o disso e mostre que ele se recuperou, sugerindo a seu Capricórnio/Escorpião que faça o mesmo. Analise as opções legais e financeiras e prepare um plano por escrito dizendo "o que fazer depois".

Ascendente ou Lua em Aquário

Quanto mais maluca a solução, melhor. Passar o dia pegando conchas na praia, visitar uma colônia de mineiros, uma viagem até uma montanha escarpada com roupas de eremita, qualquer coisa que envolva ideias que não sejam "normais". Procure fazer atividades ao ar livre, pois isso ajuda muito esta combinação de signos, e você pode se surpreender com a forma como ele se acalma sentindo a brisa no rosto ou o sol sobre o corpo. Como Aquário é um signo altruísta, vocês podem ajudar as pessoas na fila do sopão ou passar o dia reunindo doações para alguma organização de caridade.

Ascendente ou Lua em Peixes

Agora, você vai precisar adotar a opção das fadas, que é como a chamo. Peixes/Escorpião não quer uma solução prática e vai se preocupar com seu propósito espiritual e com o desempenho de seu *karma*. Alguns dias num retiro, uma ou duas leituras psíquicas, incenso, velas, Tarô das fadas ou dos anjos, tudo isso ajuda... e muito sono. Após algumas noites sonhando, ele vai voltar ao normal.

Capítulo 8

♍ Táticas de confiança ♍

É preciso confiar em alguém
Confiar em alguém
Ter alguém em quem confie
É preciso ter cuidado
Ter cuidado
– De "Bandit", de Neil Young

Agora que você conhece um pouco mais sobre o funcionamento de um mapa astral, já deve ter uma boa noção a respeito do escorpiano de sua vida.

É um escorpiano do Ar, que quer ter ideias e discussões, ou um escorpiano do Fogo, correndo para "salvar o mundo"? Um escorpiano de Terra, que quer a refeição na hora certa e todos os prazeres da carne, ou um escorpiano de Água, que às vezes chora e é muito sensível?

Seja qual for o tipo dele, agora precisamos discutir a parte mais importante deste livro: o que significa a confiança.

Meu dicionário define confiança como: *crença firme na credibilidade, na sinceridade, na força etc. de uma pessoa ou coisa, estado de ser digno dessa credibilidade; expectativa positiva, coisa ou pessoa entregue aos cuidados de alguém, resultando numa obrigação.*

Para um escorpiano, a confiança é uma palavra importante. Sem confiança, ele passa a vida zangado, abalado, torna-se até perigoso. Se pensarmos um pouco na imagem de Plutão, um planeta tão pequeno e tão distante da Terra, com uma órbita estranha e uma superfície fria como o gelo, podemos entender melhor o que se passa na cabeça de um escorpiano quando ele deseja ter essa confiança em sua vida.

Vamos ver a opinião de três escorpianos completamente diferentes.

Eis o que diz Sandy, que trabalha como garçonete numa estação de esqui numa montanha na Colúmbia Britânica:

"Confiar é sentir-me segura com alguém. Segura para mostrar quem sou, para ser eu mesma e abaixar minhas defesas. Confiar é sentir um amor incondicional."

E Marie, uma mulher que mora na Escócia com seus três filhos e seu companheiro:

"Confiar é sentir-se tão confortável com alguma coisa a ponto de você dar tudo de si, seja a uma pessoa, seja a uma circunstância."

Agora Brian, gerente financeiro de uma grande empresa de material de escritório em Paris:

"Confiar – ser capaz de depender de alguém (da família, dos amigos ou colegas) plenamente, sabendo que essa pessoa nunca vai desapontá-lo."

Eis três temas que se destacam nessas sentenças: sentir segurança, estar confortável, depender do outro. Para que seu escorpiano confie em você, ele precisa sentir essas três coisas.

Bem, e o que é estar seguro? Voltemos ao dicionário.

> Seguro – livre de perigos ou danos: não se envolver com riscos, ter segurança.
>
> Confortável – proporcionar facilidade e contentamento; sentir-se à vontade ou livre de dor, de problemas ou sofrimentos.
>
> Depender – ser controlado ou determinado, ser incapaz de fazer algo sem o outro ou outra coisa.

Luke é um escorpiano de trinta e tantos anos que trabalha como terapeuta com jovens carentes numa grande cidade do interior da Inglaterra. Ele sofreu maus-tratos quando criança e tem um problema sério com a confiança, o qual ainda precisa superar.

> *"Sinto um ódio imenso pelas pessoas envolvidas. Talvez isso não aconteça com frequência, mas acontece, e geralmente a reação é que sinto as emoções que envolveram a situação especialmente acompanhadas de frustração ou da sensação de impotência. Psiquicamente, eu quero destruí-las. Fisicamente, faço o que posso para não estar perto delas quando estou vulnerável ao sentimento de ódio – as coisas poderiam ficar feias, e isso não ajuda ninguém! Entre esses sentimentos extremos, de sangue quente, há pensamentos frios como 'um dia eu terei a minha chance'. Talvez eu faça com que seus amigos ou colegas conheçam a situação e o modo como vocês agiram. Talvez eu possa ver o mundo deles desmoronar."*

Como pessoa consciente, ele sabe que não é fácil resolver isso.

> *"Espiritualmente, não fico contente com isso, e me esforço para fazer as pazes com eles e comigo. Tudo melhora com o tempo, mas ainda volta, só que com menos frequência, porém não com menos intensidade. E isso pode cair de repente sobre mim, e me sinto desesperado, impotente, querendo sumir da face da Terra. Tudo vai dar errado, fracassarei, estou sozinho, ninguém liga, sou incapaz de fazer a mudança fundamental, sinto-me como num buraco profundo e escuro etc."*

Logo, para que seu escorpiano confie em você, será preciso ajudá-lo a se sentir seguro e confortável, e você deve ser alguém de quem ele possa depender. Mas não adianta dizer uma coisa e fazer outra. Não adianta mudar de ideia (uma péssima característica libriana) ou falar demais.

Um modo rápido de desgastar a relação com um escorpiano é tagarelar sem parar. É provável que ele se desligue completamente e nem ouça nada. O que quer que ele faça, será feito sob a superfície, avaliando o que você está sentindo de verdade; depois, ele vai dizer algo tão astuto que você não terá como reagir.

E acontece.

Eu sei.

Seus Filhos de Escorpião

Um filho de Escorpião pode desafiar os pais mais dóceis caso algumas coisas importantes não fiquem claras desde o começo.

Uma delas é "quem é o progenitor?".

Como seu filho terá nascido como uma "alma antiga", pode ser que ele pense e aja como se tivesse a melhor resposta para tudo, o que pode ser cansativo.

E há a questão da intensidade. Você recebe bem essa intensidade? Como pode impedi-la de tomar conta da sua vida?

Eis algumas sugestões dadas por escorpianos, dizendo como gostariam que seus pais tivessem lidado com eles. Se você conseguir aplicar essas ideias enquanto eles ainda forem pequenos, vai evitar um monte de problemas quando eles forem maiores.

Temos aqui Belinda, com Ascendente em Câncer, Sol em Escorpião na 5ª casa, Lua em Peixes, cuja mãe é de Peixes e o padrasto é de Câncer, falando de sua infância:

"Eu era muito teimosa com relação a roupas. Eu me recusava a usar qualquer roupa que minha mãe escolhesse. Quando eu tinha 2 anos, ela compreendeu que o modo mais fácil de lidar com isso era me levar ao shopping e me perguntar do que eu gostava. Eu mexia a cabeça para dizer sim ou não para cada peça. Poder ter opções, mesmo numa idade tão precoce, foi um lance bem legal!

Meus pais deixaram minhas crises passar sem tentar me mudar ou me convencer de que eu estava errada por sentir o que sentia.

Ninguém entrava no meu quarto sem pedir permissão. Quando discutíamos, eu sempre tinha a oportunidade de expressar plenamente o que estava sentindo. Nunca alguém me disse que eu era 'só uma criança' ou que 'não sabe de nada' ou que era 'jovem demais para entender'. Eu era tratada com o mesmo respeito com que eles tratavam outros adultos. Se eu estivesse muito emocionada para falar, eles me estimulavam a escrever uma carta, do tamanho que fosse preciso, para expressar o que eu estava sentindo.

Meus interesses (criar peixes e cuidar deles, colecionar pedras, levar animais selvagens para casa para 'salvá-los') receberam o apoio deles, mesmo quando comecei a pedir livros sobre ervas, astrologia, Tarô e outros temas potencialmente 'ocultos'.

Eu era tímida quando criança e detestava atender ao telefone, conversar com as caixas do supermercado, abrir a porta de casa ou conhecer pessoas totalmente estranhas. Meus pais nunca me forçaram a fazer nada disso e me permitiam ir conhecendo as ideias ou pessoas lentamente, ou optar por não interagir com elas."

Eis Daniella, outra jovem escorpiana com a Lua em Gêmeos, explicando como gostaria de ter sido criada:

"Se os pais são honestos, diretos, firmes, dedicados e afetuosos... Podemos dizer que todos os filhos precisam disso, mas desconfio que os filhos de Escorpião, em particular, precisam ver que seus pais são íntegros para que eles os respeitem. Além disso, os pais precisam ser bons ouvintes, o que significa tanto ouvir a criança quando ela tem alguma coisa a dizer que talvez eles não queiram ouvir (como quando a criança está deprimida ou com raiva), sem tentar mudá-la, quanto ouvir quando a criança diz que não está pronta para falar. Tudo isso faz parte da formação da confiança, uma confiança que pode ser inata para outras crianças, mas que, para um escorpiano, é algo que precisa ser medido e verificado com frequência. 'Vocês vão respeitar seus limites e os meus? Vão dizer o que realmente pensam? Vão se importar comigo e me ouvir com atenção?' Testemunhar a coragem dos pais seria benéfico, bem como orientar o escorpiano a superar sua sensibilidade e ser proativo na vida quando necessário."

Eis uma mãe aquariana falando de sua filha escorpiana.

"Minha filha disse que ser honesta com ela era e ainda é muito importante. Ela gostaria de não ter se encantado tanto com os filmes da Disney com seus finais do tipo 'viveram felizes para sempre', pois a realidade é muito mais difícil. Conversamos sobre os chiliques que ela tinha quando era pequena e como eu aprendi a deixá-la ter os chiliques, pois assim eles acabavam logo. Esperar e aceitar as mudanças de humor, não exigir um sorriso o tempo todo. Minha filha se irritava com um professor que ficava dizendo para ela sorrir, ela acabou se recusando a sorrir para ele. Ela se recusava a falar com outro professor de quem não gostava. Escorpianos não são os melhores comunicadores na infância, mas, se você for honesta com eles e lhes mostrar que estará ao lado deles sempre, não importa o que aconteça, isso vai deixá-los mais receptivos."

Veja o que disse Wendy, uma mãe libriana contando como seu filho Charlie era quando criança:

"Charlie tinha um lado bem audacioso, mas antes ele tentava analisar a situação, decidia o que podia ser feito e ia em frente – às vezes, ele se machucava muito, mas nunca gemia, e volta e meia eu só ficava sabendo que ele tinha se machucado se o irmão dele me contasse ou eu o visse no banho coberto de cortes e arranhões – até hoje ele é estoico. Nunca causa confusão, mas gosta de um pouco de atenção e carinho quando os outros percebem suas fragilidades; porém é preciso tomar cuidado para não demonstrar pena, pois ele é orgulhoso e acha que isso é uma fraqueza. Eu me pergunto se muito de seus feitos ousados não seriam apenas para provar a seu irmão que ele era capaz de fazer o que fazia, pois

algumas dessas coisas eram exageradas para sua idade – como ficar pendurado numa corda sobre o lago próximo ao nosso jardim quando ele mal tinha saído do jardim da infância! Ele tinha cabeça para isso, mas não tinha nem a força muscular nem a altura para conseguir fazê-lo.

Eu tirava muitas fotos, e em muitas delas Charlie aparece mostrando a língua ao ser fotografado com a família – a câmera pegava uma piscadela e depois ele mostrava a língua ou fazia uma careta, mas, se alguém olhasse para ele, ele voltava a mostrar a carinha angelical. Ele era travesso e odiava que reclamassem disso, pois, quando isso acontecia, se trancava em seu quarto e ficava pintando seus personagens de guerra durante horas."

Eu até ri, pois foi quase idêntico ao que Belinda comentou sobre sua infância:

"Minha mãe ainda comenta um comercial que aparecia na TV quando eu era pequena e que ela acha que era bem adequado ao meu temperamento. Nele, a garotinha brinca em silêncio com seus brinquedos, toda meiga, até seu irmão aparecer para pegar um. Ela deixa, mas, assim que ele se vira, a garotinha se transforma num gigantesco monstro, come-o numa mordida e pega o brinquedo de volta. Ela sorri, volta a assumir a forma angelical e torna a brincar tranquilamente sozinha. Do mesmo modo, meus pais me deixavam ter minhas explosões sem tentar me modificar ou me convencer de que eu estava errada por sentir o que estava sentindo."

Logo, o que temos no topo da lista é encontrar um modo de dar vazão à sua raiva e a outros sentimentos intensos... sem reforçar o problema quando ele acontece.

Seu Chefe Escorpiano

A confiança é o cimento da vida. É o ingrediente mais essencial para uma comunicação eficaz. É o princípio fundamental que sustenta todos os relacionamentos.
– Stephen Covey, autor de *The 7 Habits of Highly Effective People*
(Sol em Escorpião, Lua em Leão)

O que considero mais espantoso na citação acima é o título do livro que o filho dele, Stephen M. R. Covey, escreveu: *The Speed of Trust*. Não tenho ideia (e nem sei como saber) do signo de Covey júnior, mas sabemos com certeza que seu pai, Covey sênior, é de Escorpião. Por isso, ele deve ter instilado (e com profundidade, se me permite dizer) em seu filho a coisa mais importante em sua vida de empresário: "Confiança".

Bem, o que significa ter um chefe de Escorpião? Como é trabalhar para um escorpiano?

Como sabemos, é preciso ter um foco profundo para refletir um escorpiano; logo, trabalhar para eles gera a mesma necessidade. Além disso, você precisa ser totalmente franco. Não há modo de tapar o sol com a peneira com eles ou fingir que está tudo bem se não estiver. E você vai precisar ser forte e firme. Ser brando não vai funcionar.

Se quiser impressionar seu chefe de Escorpião, não fale demais sobre si mesmo para ele. Torne-se um enigma. Deixe coisas de lado. Mantenha-se reservado e só se abra quando ele lhe pedir.

Ele vai querer que você trabalhe, por isso não leve sua vida pessoal para o local de trabalho. Ele vai esperar que você seja pontual, que faça o seu trabalho, focalize os resultados e nunca, nunca desaponte os colegas.

Conheço mais escorpianos autônomos do que empregados. Parece que eles gostam do desafio de criar seu próprio mundo ou negócio, e geralmente são muito bons no que fazem. Sua atenção focada e fixa pode trazer-lhes os resultados que almejam.

E não pense que esses atributos são exclusivamente masculinos. Tanto a secretária de Estado dos Estados Unidos Hillary Clinton quanto Condoleezza Rice, que a antecedeu, são escorpianas, e tenho certeza de que muitas das pessoas que trabalharam em suas equipes respeitam seu trabalho e não se deixam levar pela frivolidade.

Seu Namorado Escorpiano

Para namorar com sucesso um escorpiano, você precisa ter personalidade e ideias fortes. A fraqueza não funciona com ele. Você também terá de se dedicar a ele.

Isso pode parecer difícil para signos mais leves ou para pessoas que não se interessam por compromisso. Se quiser ter um caso, vai ter um caso. Meus arquivos têm muitas histórias de clientes que tiveram casos rápidos com escorpianos, algumas vezes até tendo filhos com eles, mas que não conseguiram manter um relacionamento longo.

Também acompanhei muitos bons relacionamentos entre Escorpião e Capricórnio, pois este signo é firme e mantém o foco no que está por vir; por isso, não se preocupa com a emotividade de Escorpião.

Você também vai perceber que não é a única pessoa interessada em seu escorpiano; muitas mulheres podem estar de olho nele, e por isso pode ser desafiador fazer com que ele se estabilize com você.

Como o DJ Jimmy Savile, com Sol em Escorpião e Lua em Virgem, disse em sua autobiografia:

> "... já fiz em trens e, pedindo desculpas por usar a frase de uma música, barcos, aviões (participo do programa de milhagem), arbustos e campos, corredores, portas, pisos, cadeiras, escombros, escrivaninha e em todos os lugares, menos no famoso lustre e na tábua de passar roupa".[9]

Jimmy nunca se casou e morreu solteiro.

Em nosso mapa de exemplo, Cheiro, que tinha Ascendente em Sagitário e Lua em Virgem, também era solteiro convicto até sua saúde piorar e uma mulher que ele conhecera ajudá-lo a se recuperar:

> "Travei uma longa e árdua batalha pela vida; ela cuidou de mim noite e dia... Viajamos para que minha recuperação fosse completa. Um dia, na viagem de volta para a Inglaterra, dei uma boa olhada nas linhas de minha mão. Vi que se aproximava a data em que o casamento estava marcado para mim, embora num momento tardio da vida. Fui até uma escrivaninha e redigi minha renúncia à Sociedade Anticasamento, da qual fui membro por mais de trinta anos. Com medo de enfraquecer em minha resolução, entreguei a carta à minha futura esposa para que ela a enviasse pelo correio e nos casamos quando voltamos para casa".[10]

O que o fez mudar de ideia foi algo dramático, que ameaçou sua própria vida. Não estou sugerindo que você deixe seu escorpiano doente para depois cuidar dele e ajudá-lo a ficar bem novamente, mas se você puder "estar" com ele enquanto seu escorpiano estiver passando por um momento difícil ou desafiador, mantendo-se calma, tranquila e serena, ele virá de joelhos a você com um anel na mão.

Sua Namorada Escorpiana

Para namorar com sucesso uma escorpiana, você precisa saber que os gestos falam muito mais alto do que as palavras.

Eis o que diz Jennifer (que também é escorpiana), sobre seu novo namorado escorpiano. É interessante observar que ela não quer nem vê-lo encostando em outras mulheres, muito menos beijando ou se aproximando delas:

"Eu estava na frente deles, e ele, mais uma vez, apoiou a mão no encosto da cadeira dela e ela posicionou o braço e a mão perto dele, e eles cruzaram os dedos mínimo e indicador, de um modo estranho e amigável ou algo além disso. Eu, naturalmente, senti o sangue ferver e fiquei tão nervosa que me mantive quieta, rígida. Ele notou que alguma coisa estava errada e começou a me dar mais atenção a partir daquele instante. Eu aceitei a atenção, mas decidi mostrar-me um pouco fria como forma de me proteger. Eu disse que não havia nada errado quando ele me perguntou, mas na verdade eu quis sair dali na mesma hora."

Não bastou ele dizer "centenas de vezes por dia" que a amava. Não bastou ele ter falado de "casamento e filhos". Quando ela o viu encostando em outra mulher, sentiu o "sangue ferver".

Você pode até dizer que ela teve uma reação exagerada, o que é possível, mas a mensagem subjacente foi que ela quer confiar nele no campo emocional, espiritual, físico e visível.

Conheço muitos relacionamentos bem-sucedidos entre dois escorpianos, pois ambos compreendem a questão da confiança, e, no caso de Jennifer, as coisas melhoraram depois que ela escreveu uma carta para o namorado.

Às vezes, colocar pensamentos e sentimentos no papel é melhor do que falar.

O que Fazer quando seu Relacionamento Escorpiano Termina?

Uma coisa é certa – o relacionamento com uma pessoa de Escorpião fadado ao fracasso não vai terminar tranquilamente ou em silêncio. Se o seu signo é de Fogo, vocês terão muitas discussões antes do final. Se você é de Terra, as coisas vão ficar cada vez piores até alguém tirar o fio da tomada. Se você é de Ar, não vai entender o que deu errado e vai se sentir terrivelmente perplexo, e, se você é de um signo de Água, vocês dois vão se afastar lentamente um do outro, cada vez mais confusos, ansiosos e envolvidos com essas emoções rodopiando à sua volta.

Veja a seguir algumas sugestões confiáveis e testadas para ajudá-lo a se sentir melhor.

Signos de Fogo

Se o seu signo é de Fogo – Áries, Leão ou Sagitário – e seu relacionamento acabou de terminar, eu o aconselho a usar o Elemento do seu signo, que é Fogo. Não estou sugerindo que você rasgue todas as roupas de seu ex e faça uma fogueira no jardim, ou ponha fogo nos livros prediletos dele. Não, nós vamos fazer algo que pode fortalecer você.

Compre uma vela, qualquer uma funciona, embora a ideal seja uma pequena vela noturna, acenda-a e recite:

> Eu... (seu nome) deixo você (nome do escorpiano) ir, em liberdade e com amor, para que eu fique livre para atrair meu verdadeiro amor espiritual.

Deixe a vela num local seguro para que queime completamente. Uma hora será suficiente. Não saia de casa e deixe a vela acesa, fique de olho nela.

Nos próximos dias, reúna quaisquer objetos de seu (agora) ex-escorpiano e mande entregar na casa dele ou doe para alguma instituição de caridade.

Se tiver fotos, não se apresse em rasgá-las como alguns signos de Fogo costumam fazer, pois você pode se arrepender disso mais tarde. Quando se sentir mais forte, mantenha as mais bonitas e jogue fora o resto.

Signos de Terra

Se o seu signo é de Terra – Touro, Virgem ou Capricórnio –, você vai se sentir menos propenso a fazer alguma coisa drástica ou extrema (a menos, é claro, que sua Lua esteja num signo de Fogo...).

O término de seu relacionamento deve envolver o Elemento de Terra, e a melhor forma de fazê-lo é usar alguns cristais de confiança.

Os melhores a se usar são aqueles associados com o seu signo solar e também com a proteção. Os cristais a seguir são considerados de proteção, e também são gemas do signo natal, segundo a *Cunningham's Encyclopedia of Crystal, Gem and Metal Magic*, de Scott Cunningham.

> Touro = Esmeralda
> Virgem = Ágata
> Capricórnio = Ônix

Pegue o cristal e lave-o em água corrente. Embrulhe-o num lenço de papel e vá fazer uma longa caminhada pelo campo. Quando encontrar um lugar apropriado, cave um pequeno buraco e enterre o cristal.

Pense no modo como seu relacionamento terminou. Lembre-se dos bons e dos maus momentos. Perdoe-se por quaisquer erros que você possa ter cometido. Depois, imagine uma bela planta crescendo onde você enterrou o cristal e que a planta floresce e cresce com vigor. Ela representa seu novo amor, que estará com você quando chegar o momento apropriado.

Signos de Ar

Se o seu signo for de Ar (Gêmeos, Libra ou Aquário), talvez você queira conversar sobre o que aconteceu antes de terminar o relacionamento. Signos de Ar precisam de razões e respostas e podem desperdiçar uma preciosa energia vital procurando essas respostas.

Eis o que diz Natalie, uma jovem geminiana, sobre como ela se sentiu depois que um relacionamento com um escorpiano terminou:

"Eu o encontrei alguns anos depois, fiquei com muito medo de ir vê-lo, não tinha ideia de como iria me sentir. Porém me senti vazia, não tinha mais sentimentos por ele, nada. Mas eu sempre quis ENTENDER as coisas. E isso de não ter terminado direito aparece na minha cabeça de vez em quando, e provavelmente vai aparecer pelo resto da minha vida, porque preciso ENTENDER o que aconteceu, como e por quê, mas nunca conseguirei, pois ele não me contou e certamente não vai me contar agora. Provavelmente, eu voltaria com ele se quisesse. Mas não quero, só quero respostas para as minhas perguntas."

Antes de tudo, perdoe-se pelo final do relacionamento. Não foi culpa de ninguém, e o tempo vai curar as feridas. Quando você estiver se sentindo melhor e seus pensamentos estiverem claros, pegue uma folha de papel e escreva uma carta para seu (ex-)escorpiano.

Não é uma carta para se enviar pelo correio, por isso você pode ter a franqueza que quiser em seus pensamentos.

Escreva-lhe nestes termos:

Caro escorpiano,
Sei que você deve estar feliz agora que tem uma vida nova, mas eis algumas coisas que eu queria que você soubesse e entendesse e que foram negligenciadas enquanto estávamos juntos.

Então, relacione todos os hábitos incômodos, os comentários (os signos de Ar parecem se lembrar mais das palavras dos outros do que os de qualquer outro Elemento), o que foi bom e o que deu errado.

No topo da lista, pode colocar a incapacidade dele de explicar como ele se sentia e o que se passava na cabeça dele. Inclua quantos detalhes desejar, citando como ele parecia discordar de tudo que você dizia.

Escreva até não conseguir mais. Depois, termine sua carta com algo positivo e fortalecedor, pois você quer manter o seu *karma* o mais intacto possível.

Talvez, alguma coisa como:

> Embora tenhamos passado pelo inferno juntos e nunca tenhamos olhado um nos olhos do outro, desejo-lhe felicidade em seu caminho.

Depois, leve a carta a um lugar ventoso e alto, fora da cidade, um lugar no qual ninguém possa incomodar você. Pode ser o alto de uma colina com uma bela paisagem, ou um cais num dia agitado, ou a beira de um penhasco, mas use a cabeça e não corra nenhum risco pessoal.

Leia a carta novamente. Verifique se ela faz sentido para você e depois rasgue uma pequena parte dela nos menores pedaços possíveis e deixe esses pedacinhos de papel serem levados pelo vento.

Não creio que seja uma boa ideia dispor de *toda* a carta dessa forma, pois: a) ela pode ser longa e você pode tomar uma multa por sujar o lugar, e b) você corre o risco de ela ser levada para um lugar inconveniente; portanto guarde o resto dela. Ao chegar em casa, queime o restante, com segurança, num cinzeiro e jogue as cinzas na lixeira, ou enfie a carta no triturador de papel e leve as tiras para a reciclagem.

Signos de Água

Se o seu signo for de Água – Câncer, Escorpião ou Peixes –, talvez seja mais difícil recuperar-se rapidamente desse relacionamento. Não é nada impossível, mas você pode acordar no meio da noite perguntando-se se fez a coisa certa ao terminar o relacionamento ou se sentindo mal pelo término dele. Não se preocupe. Tudo vai melhorar, mas você precisa conseguir passar por essas primeiras semanas, que são as mais difíceis, sem chorar o tempo todo.

Sua cura emocional precisa incorporar o elemento da água.

Eis uma sugestão muito usada. É um modo poderoso de curar a dor emocional e vai lhe permitir usar aquela parte de você que está mais "sintonizada" com o problema.

Ela envolve suas lágrimas.

Da próxima vez que achar que vai chorar, guarde suas lágrimas num copo. Isso não é tão difícil quanto parece. Imagine-se com as lágrimas caindo rapidamente, ameaçando inundar o planeta; basta que *uma* dessas lágrimas caia num copo com água. Recomendo-lhe usar um copo bonito. Um copo que tenha algum significado para você.

Assegure-se de que a lágrima caiu no copo e depois ponha mais água nele, quase até a boca do copo.

Ponha o copo sobre uma mesa, talvez com uma vela acesa, ou com uma foto dos dois juntos – o que você achar melhor –, e depois recite o seguinte:

Este adorável relacionamento com você, ..., (nome do escorpiano) terminou.
Estendi-me através do tempo e do espaço para lhe dizer que nosso amor terminou.

Minhas lágrimas vão lavar a dor que sinto.
Tiro você de meu coração, de minha mente e de minha alma.
Partamos em paz.

Depois, beba lentamente a água.

Passe as próximas semanas conversando com alguma pessoa que se importa com você e conte como se sente.

Seu Amigo Escorpiano

Devo muito a meus amigos; mas, se pensar direito, o que me ocorre é que devo ainda mais a meus inimigos. A pessoa que você realmente é ganha mais vida com um golpe do que com uma carícia.

– André Gide

(Sol em Escorpião na segunda casa, Lua em Câncer)

Como disse antes, os escorpianos costumam fazer amizade com outros escorpianos. A questão da confiança já foi resolvida e existe um senso de afinidade entre eles, que podem ver o mundo da mesma forma.

Tive muitos amigos escorpianos ao longo dos anos. Alguns melhores do que outros. Uma coisa que aprendi é que não é necessário estar "em contato" o tempo todo. Seu amigo escorpiano será o mesmo de quando você o viu pela última vez, não importa o que vocês possam ter feito nesse meio-tempo.

Layla tem quarenta e tantos anos e trabalha no escritório central de uma grande empresa internacional de mudanças sediada na Europa, e tem Ascendente em Libra, Sol em Escorpião na primeira casa e a Lua em Escorpião.

Ela é poliglota e estudou espanhol e francês na faculdade.

Perguntei-lhe quanto duravam suas amizades, e eis a resposta de Layla:

"No caso dos amigos mais chegados, pode ser um bom tempo – ainda mantenho contato (esporádico) com uma garota que conheci no meu primeiro dia na escola, quando tinha uns 4 anos e meio. Conheço alguns de meus amigos mais próximos desde que eu tinha 10 anos. Atualmente, não moramos no mesmo país, mas ainda conversamos por telefone e trocamos e-mails, encontrando-nos de vez em quando. Quando nos vemos, é como se tivéssemos nos visto no dia anterior. O mesmo acontece com uma amiga muito querida de Liverpool, que eu conheci antes de irmos para a faculdade – nem cursamos a mesma faculdade (ela estudou em Liverpool e eu, em Newcastle), por isso só nos vimos depois de terminar a faculdade, quando pudemos comprar um carro. O mesmo aconteceu com uma antiga colega de trabalho nos Estados Unidos (que também é de Escorpião) – não mantemos contato diário, só nos encontramos ocasionalmente, mas nunca acontece aquele silêncio incômodo, apesar da distância e das diferenças culturais – ou talvez por causa delas."

Para fazer amizade com alguém de Escorpião, aplicam-se todas as regras anteriores: seja honesto, conquiste a confiança, mantenha reserva sobre as informações pessoais, mas não é necessário estar com a pessoa o tempo todo. Os escorpianos podem ser bastante independentes e autossuficientes, e não precisam ficar no seu bolso o tempo todo. Eles estarão do seu lado se as coisas ficarem difíceis ou se sua vida implodir, e, do mesmo modo, vão esperar que você esteja por perto se a situação ficar drástica.

Sua Mãe Escorpiana

Em termos astrológicos, como vimos, para se relacionar com alguém é útil levar em conta o seu próprio signo, e não apenas o signo da pessoa que você está tentando entender. Logo, se você quiser se entender melhor com sua mãe escorpiana, terá de pensar no seu próprio signo. Também é útil verificar seu mapa e procurar pontos de conexão. Suas Luas estão no mesmo signo? Seus Ascendentes são os mesmos ou têm o mesmo Elemento?

Se a sua mãe for de Escorpião e o seu signo for de Água, ela vai parecer uma verdadeira deusa para você, e vai ter empatia por seus sentimentos. Se o seu signo for de Fogo, pode haver bastante conflito, pois você estará correndo para lá e para cá, esperando que ela o alcance, quando ela mal começou... a história do coelho e da tartaruga.

Conheço muitas mães maravilhosas de Escorpião. Elas têm a firme intenção de garantir a segurança de sua prole, mantendo seus filhos distantes de qualquer coisa que possa feri-los. Do mesmo modo, elas não vão querer magoar seus filhos... a menos que haja incompatibilidades terríveis.

Veja o que uma mãe de Escorpião falou de seu filho de Escorpião:

"... tentando educar meu filho, percebi muitas coisas com que não concordo no modo como minha mãe me criou. Ser honesta, firme mas bondosa e dar espaço e tempo para processar mudanças é importante. Nunca lidei muito bem com minhas emoções na infância e guardei tudo para mim, até a situação ficar vulcânica. Nunca me ensinaram como identificar minhas emoções ou a encontrar um modo positivo de expressá-las."

Para sua mãe escorpiana, as mudanças serão difíceis, e ela vai precisar de tempo para que as coisas "se acomodem". Lembre-se também de que não adianta esperar que ela não se emocione com as coisas, mas você não precisa participar dessas emoções. Espere até que passem.

Tenho uma tia de Escorpião (adoro tias, elas são ótimas!), mas, como ela mora do outro lado do mundo, não costumo me encontrar com ela. Na verdade, eu só a vi uma vez. Mas sei que um de seus filhos (meu primo) é de Peixes e nunca ouvi nenhuma reclamação dela por parte dele. Por que ele reclamaria? Os dois são de signos de Água.

Do mesmo modo, tenho um primo de Escorpião do outro lado da família e sei que ele adora a mãe e que ela, minha tia, o adorava, e o que o ajudava mais era seu Ascendente Sagitário, pois ela era de Gêmeos.

Não, sua mãe escorpiana será leal a você, e é bom os céus ajudarem quem lhe disser algo diferente.

Talvez ela não seja a presidente da comissão da escola, nem convide todo mundo para tomar chá o tempo todo, mas ela vai querer o melhor para você, como toda mãe. Porém o que você precisa lembrar é que ela é bem capaz de lidar com a franqueza; por isso, se não gostar de alguma coisa, diga.

Trabalhei com muitas mães de Escorpião durante esses anos todos e admiro sua integridade e sua capacidade de se manterem focadas nos filhos.

Seu Pai Escorpiano

Um pai escorpiano é uma presença forte em qualquer família. Determinado, focado e profundamente consciente dos sentimentos das pessoas. Não concordo totalmente com Linda Goodman quando ela diz que ele vai mantê-lo preso a um olhar hipnótico. Conheço muitos escorpianos que mal mantêm contato visual. Lembre-se dos Elementos.

Seu pai é um escorpiano "do Ar", que quer conversar sobre isto e aquilo e sabe contar histórias e travar combates verbais?

Ou é um escorpiano "terroso", preocupado com o seu sustento e em ajudá-lo financeiramente, ou mesmo recebendo-o nos negócios da família?

Ou seu pai será um escorpiano ígneo, correndo para o trabalho e para dar a volta ao mundo. Está aqui num dia e no dia seguinte já foi embora. Esportivo, cheio de energia e entusiasmo?

Talvez seu pai seja de Água, com lágrimas nos olhos quando ele lhe diz que está preocupado com você e que quer abraços e contato físico.

Veja como os Elementos do seu pai se dão com os seus e como podem se entender, ou peça a um bom astrólogo para ajudá-lo. Você vai precisar saber como seus Elementos se entendem e quais são as suas expectativas quanto a ele como pai. Assim como acontece com a mãe de Escorpião, ele não tem problemas para ouvir "a verdade", por isso não precisa ocultar seus pensamentos e sentimentos; do mesmo modo, não espere que ele vá concordar ou reagir. Ele vai arquivar essas informações como fatos, a menos que você lhe diga para não fazê-lo.

Seus Irmãos Escorpianos

Se você tem um irmão ou uma irmã de Escorpião, uma coisa de que precisa saber desde cedo é que não deve entrar em seu quarto ou em seu espaço pessoal sem permissão. Além disso, nunca deve ler seu diário e precisa aprender a lhe dar espaço para "ser", pura e simplesmente.

Se vocês precisarem compartilhar um quarto, assegure-se de que existe uma divisão clara de espaço e que seu lado é seu e o dele é dele.

Você terá momentos de mau humor e rabugice. Morei com minha amiga escorpiana e ela era terrível logo que acordava. Ela precisava de algum tempo até acordar de fato e conseguir se comunicar. Ela queria paz e sossego, o que raramente acontece num ambiente familiar, especialmente se houver muitas crianças pela casa. A única forma de lidar com isso, caso o incomode, é deixá-los acontecer. Você não vai conseguir mudá-los; por isso, nem tente. Vá em frente e faça outras coisas.

Meu cunhado é de Escorpião, e perguntei a meu querido marido como foi crescer com um irmão mais velho de Escorpião. Ele me disse que não adiantava nem discutir, nem discordar ou dizer que ele estava errado. Na adolescência deles, a década de 1960 estava a todo vapor e seu irmão adorava o admirável mundo novo criado por Bob Dylan, os *hippies*... e isso não combinava muito com pais nascidos na década de 1920, e embora seu irmão se rebelasse contra "o sistema", seus pais viam isso como uma rebelião contra eles, o que deu início a uma série de mal-entendidos. Eles nunca brigaram, porém, e até hoje se "relacionam" muito bem. Eles não precisam conversar o tempo todo, mas sabem como entrar em contato um com o outro se têm algum problema.

Tente não desperdiçar sua preciosa energia vital discutindo com seus irmãos escorpianos ou discordando deles, pois o que vai acontecer é que você se sentirá exausto e eles não vão mudar nem um pouco.

Espero que tenha gostado de conhecer um pouco o signo solar de Escorpião. Espero que tenha conseguido montar um Mapa Astral e o tenha compreendido, e espero que agora você se compreenda um pouco mais e consiga compreender o escorpiano que há em sua vida.

Se quiser entrar em contato, por favor, visite meu website: www.maryenglish.com.

Desejo a você toda a paz do mundo e muita felicidade também.

♍ Notas ♍

1. *The Astrologers and Their Creed*, 1971, Christopher McIntosh, Arrow Books Ltd, 3 Fitzroy Square, Londres W1
2. http://news.bbc.co.uk/1/hi/4596246.stm
3. http://www.nasa.gov/audience/forstudents/k-4/stories/what-ispluto-k4.html
4. Redefining the Solar System, por Jenni Harte, http://www.astrologicalassociation.com/transit/sep2006/pluto.htm
5. http://bjork.com/#/past/discography/homogenic/track2/lyrics2
6. http://www.astrologysoftware.com/community/interviews/ get_interview.asp?person_show=12
7. http://www.bristol.ac.uk/nsqi-centre/research/birch/index.html
8. *The Sunday Times*, 15 de novembro de 2009
9. p.139, *As it Happens*, Jimmy Savile OBE, Sua Autobiografia, Jimmy Savile, 1974, Barrie & Jenkins Limited, Londres N3 1RX
10. *Confessions, Memoirs of a Modern Seer*, William Brendon and Sons Ltd, 1932 conde Lois Hammond, (Cheiro)

♍ Bibliografia ♍

11 planets, A New View of the Solar System, David A. Aguilar, 2008, National Geographic Society, Washington DC, EUA.

Essentials Astronomy, A Beginner's Guide to the Sky at Night, Paul Sutherland, 2007, Igloo Books Ltd, Sywell, NN6 0BJ, YK.

Healing Pluto Problems, Donna Cunningham, 1986, Samuel Weiser Inc, York Beach, Maine, EUA.

The Modern Text Book of Astrology (edição revista), Margaret E. Hone, 1980, L N Fowler & Co. Ltd, 1201/3 High Road, Chadwell Health, Romford, Essex, RM6 4DH.

The Gods of Change, Pain, Crisis and the Transits of Uranus, Neptune and Pluto, Howard Sasportas, 1989, Arkana, Penguin Group, Londres W8 5TZ.

Astrology and the Modern Psyche, Dane Rudyar, 1976, CRCS Publications, Vancouver, Washington, 98662.

Pluto: The Evolutionary Journey of the Soul, Volume 1, Jeff Green, 1985, 1ª edição, 14ª reimpressão, 2000, Llewellyn Publications, St Paul, MN, EUA.

Alive and Well with Pluto, Transits of Power and Renewal, Bil Tierney, 1999, Llewellyn Publications, St Paul, MN, EUA.

The Instant Astrologer, Felix Lyle e Bryan Aspland, 1998, Judy Piatkus Ltd, Londres W1P 1HF

Cunningham's Encyclopedia of Crystal, Gem and Metal Magic, de Scott Cunningham, publicado em 1998, Llewellyn Publications, EUA.

♍ *Informações adicionais* ♍

The Astrological Association – www.astrologicalassociation.com

The Bach Centre, The Dr Edward Bach Centre, Mount Vernon, Bakers Lane, Brightwell-cum-Sotwell, Oxon, OX10 0PZ, GB – www.bachcentre.com

Informações sobre mapas e dados astrológicos de nascimento obtidos no astro-databank de www.astro.com e www.astro-theme.com

♍ Informações sobre mapas astrais ♍

O Ascendente

Bo Derek, 20 de novembro de 1956, Long Beach, CA, EUA, 14h13, Ascendente em Áries, Sol na 8ª casa, Lua em Câncer.

Richard Burton, 10 de novembro de 1925, Pontrhydyfen Wales, 15h, Ascendente em Áries, Sol na 8ª casa, Lua em Virgem.

Charles Manson, 12 de novembro de 1934, Cincinnati, Ohio, EUA, 16h40, Ascendente em Touro, Sol na 7ª casa, Lua em Aquário.

Vivien Leigh, 5 de novembro de 1913, Darjeeling, Índia, 17h16, Ascendente em Touro, Sol na 6ª casa, Lua em Aquário.

Teddy, Theodore Roosevelt, 27 de outubro de 1858, Nova York, NY, EUA, 19h45, Ascendente em Gêmeos, Sol na 5ª casa, Lua em Câncer.

Dorothy Day, 8 de novembro de 1897, Brooklyn, NY, EUA, 18h50, Ascendente em Gêmeos, Sol na 5ª casa, Lua em Touro.

Bill Gates, 28 de outubro de 1955, Seattle, WA, EUA, 22h, Ascendente em Câncer, Sol na 4ª casa, Lua em Áries.

Art Garfunkel, 5 de novembro de 1941, Nova York, NY, EUA, 23h, Ascendente em Leão, Sol na 3ª casa, Lua em Gêmeos.

♍ Informações sobre mapas astrais ♍

Lulu, 3 de novembro de 1948, Lennoxtown, Escócia, 1h30, Ascendente em Virgem, Sol na 3ª casa, Lua em Sagitário.

John Cleese, 27 de outubro de 1939, Weston-Super-Mare, 3h15, Ascendente em Virgem, Sol na 2ª casa, Lua em Áries.

Leonardo DiCaprio, 11 de novembro de 1974, Los Angeles, CA, EUA, Ascendente em Libra, Sol na 2ª casa, Lua em Libra.

Cleo Laine, 28 de outubro de 1927, Southall, Inglaterra, 4h05, Ascendente em Libra, Sol na 1ª casa, Lua em Sagitário.

Tatum O'Neal, 5 de novembro de 1963, Los Angeles, CA, EUA, 3h38, Ascendente em Libra, Sol na 2ª casa, Lua em Câncer.

André Gide, 22 de novembro de 1869, Paris, França, 3h, Ascendente em Libra, Sol na 2ª casa, Lua em Câncer.

Grace Kelly, princesa de Mônaco, 12 de novembro de 1929, Filadélfia, PA, EUA, 5h31, Ascendente em Escorpião, Sol na 1ª casa, Lua em Peixes.

Jodie Foster, 19 de novembro de 1962, Los Angeles, CA, EUA, 8h14, Ascendente em Sagitário, Sol na 12ª casa, Lua em Virgem.

Cheiro, 1º de novembro de 1886, Dublin, Irlanda, 10h53, Ascendente em Sagitário, Sol na 11ª casa, Lua em Virgem.

Edward VII, Rei da Inglaterra, 9 de novembro de 1841, 10h48, Londres, Ascendente em Sagitário, Sol na 11ª casa, Lua em Virgem.

Billie Jean King, Long Beach, CA, EUA, 22 de novembro de 1943, 11h45, Ascendente em Capricórnio, Sol na 11ª casa, Lua em Libra.

Charles Bronson, 3 de novembro de 1921, Croyle, PA, EUA, 11h, Ascendente em Capricórnio, Sol na 11ª casa, Lua em Sagitário.

Robert Louis Stevenson, 13 de novembro de 1880, Edimburgo, Escócia, 13h30, Ascendente em Aquário, Sol na 10ª casa, Lua em Peixes.

Sylvia Plath, 27 de outubro de 1932, Boston, MA, EUA, 14h10, Ascendente em Aquário, Sol na 9ª casa, Lua em Libra.

Whoopi Goldberg, 13 de novembro de 1955, Nova York, NY, EUA, 12h49, Ascendente em Aquário, Sol na 8ª casa, Lua em Escorpião.

Demi Moore, 11 de novembro de 1962, Roswell, NM, EUA, 14h16, Ascendente em Peixes, Sol na 8ª casa, Lua em Touro.

A Lua

Meg Ryan, 19 de novembro de 1961, Fairfield, CT, EUA, 10h36, Ascendente em Capricórnio, Sol na 11ª casa, Lua em Áries.

Bil Tierney, 4 de novembro de 1949, Nova York, NY, EUA, 16h41, Ascendente em Touro, Sol na 7ª casa, Lua em Touro.

Charles, Príncipe de Gales, 14 de novembro de 1948, Londres, 21h14, Ascendente em Leão, Sol na 4ª casa, Lua em Touro.

Goldie Hawn, 21 de novembro de 1945, Washington, DC, EUA, 9h20, Ascendente em Sagitário, Sol na 12ª casa, Lua em Gêmeos.

Claude Monet, 14 de novembro de 1840, Paris, França, Lua em Câncer.

Julia Roberts, 28 de outubro de 1967, Atlanta, GA, EUA, 0h16, Ascendente em Câncer, Sol na 4ª casa, Lua em Leão.

Stephen Covey, 24 de outubro de 1932, Salt Lake City, Utah, EUA (horário de nascimento desconhecido), Lua em Leão.

♍ Como conquistar a confiança de um escorpiano ♍

Picasso, 25 de outubro de 1881, Málaga, Espanha, 23h15, Ascendente em Leão, Sol na 3ª casa, Lua em Sagitário.

Joni Mitchell, 7 de novembro de 1943, Fort Macleod Alberta, Canadá, 22h, Ascendente em Câncer, Sol na 4ª casa, Lua em Peixes.

Indira Ghandi, 19 de novembro de 1917, Allahabad, Índia, 23h11, Ascendente em Leão, Sol na 4ª casa, Lua em Capricórnio.

Maria Antonieta, Rainha consorte, 2 de novembro de 1755, Viena, Áustria, 19h30, Ascendente em Câncer, Sol na 5ª casa, Lua em Libra.

Michael Dukakis, 3 de novembro de 1933, Boston, MA, 17h50, Ascendente em Gêmeos, Sol na 6ª casa, Lua em Touro.

Helen Reddy, 25 de outubro de 1941, Melbourne, Austrália, 17h50, Ascendente em Áries, Sol na 7ª casa, Lua em Capricórnio.

Griff Rhys-Jones, 16 de novembro de 1963, Cardiff, Gales, 15h, Ascendente em Áries, Sol na 8ª casa, Lua em Peixes.

Tina Brown, 21 de novembro de 1953, Maidenhead, Inglaterra, 13h30, Ascendente em Peixes, Sol na 9ª casa, Lua em Gêmeos.

Condoleezza Rice, 14 de novembro de 1954, Birmingham, AL, EUA, Ascendente em Aquário, Sol na 10ª casa, Lua em Câncer.

Winona Ryder, 29 de outubro de 1971, Rochester, MN, EUA, 11h, Ascendente em Sagitário, Sol na 11ª casa, Lua em Peixes.

Hillary Clinton, 26 de outubro de 1947, Chicago, IL, EUA, 8h02, Ascendente em Escorpião, Sol na 12ª casa, Lua em Peixes.

Informações sobre mapas astrais

Sean Combs ("Puff Daddy"), 4 de novembro de 1969, Harlem, Nova York, EUA, Lua em Virgem.

Jimmy Savile OBE, 31 de outubro de 1936, Leeds, GB (horário de nascimento desconhecido), Lua em Virgem.

Björk, 21 de novembro de 1965, Reykjavik, Islândia, 7h50, Ascendente em Escorpião, Sol na 1ª casa, Lua em Escorpião.

Michel Gauquelin, 13 de novembro de 1928, Paris, França, 22h15, Ascendente em Leão, Sol na 4ª casa, Lua em Sagitário.

Ming-Na, 20 de novembro de 1963, Ilha Coloane, Macau, Sol em Escorpião, Lua em Capricórnio.

William Herschel, 15 de novembro de 1738, Hanover, Alemanha, Sol em Escorpião, Lua em Capricórnio.

François Voltaire, 21 de novembro de 1694, Paris, França, 17h30, Ascendente em Gêmeos, Sol na 6ª casa, Lua em Aquário.

Arthur M. Young, 3 de novembro de 1905, Paris, França, 10h23, Ascendente em Sagitário, Sol na 11ª casa, Lua em Aquário.

Neil Young, 12 de novembro de 1945, Toronto, Ontário, Canadá, Lua em Aquário.

As Casas

Sri Sathya Sai Baba, 23 de novembro de 1926, Puttaparthy, Índia, 6h22, Ascendente em Sagitário, Sol na 1ª casa, Lua em Câncer.

Peter Cook, 17 de novembro de 1937, Torquay, Inglaterra, 4h40, Ascendente em Libra, Sol na 2ª casa, Lua em Touro.

k. d. lang, 2 de novembro de 1961, Edmonton, Canadá, 2h03, Ascendente em Virgem, Sol na 2ª casa, Lua em Virgem.